미래를 여는 진로 교육 | 프로그램 ①

두근두근 미래 직업 체험

위정의 · 하 희 · 진로디자인연구소

워크북

씨마스

이 책의 구성과 특징

🚩 1·3 영역　미래 사회를 탐색하고 진로를 설계해 봅니다.

STEP ① 이해하기

수업 내용과 관련 있는 동영상을 보면서 해당 차시의 활동 내용을 이해합니다.

STEP ② 탐색하기

각 차시의 활동 목표를 탐색하는 단계입니다. 학생 참여 활동 중심의 재미있는 수업 방법을 해 봅니다.

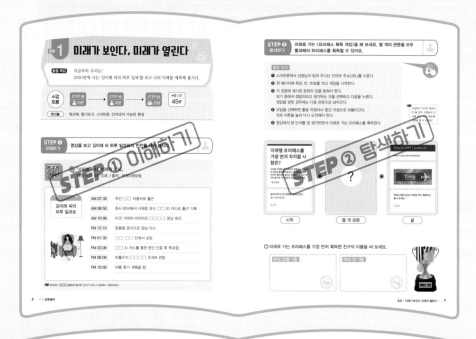

STEP ③ 적용하기/발표하기

3단계는 적용하기와 발표하기로 구분하였습니다. 적용하기에서는 학습 내용을 내면화하고, 발표하기에서는 모둠 친구들과 돌아가며 활동한 내용을 발표합니다.

Check 평가하기

활동을 마무리하면서 스스로 학업 성취도를 평가해 봅니다.

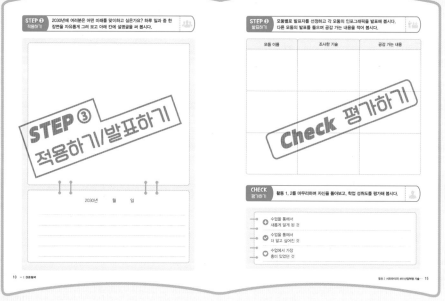

이 책에서 사용하는 아이콘

강의형 및 개인/모둠 활동 안내

👨‍🏫 **강의형** 선생님이 이끌어주시는 강의입니다.

 개인 활동 혼자서 하는 활동입니다.

 모둠 활동 모둠이 같이 하는 활동입니다.

과제 수행 방법 안내

 스마트폰으로 자료를 검색하여 스스로 과제를 해결합니다.

 영상이나 자료를 볼 수 있는 QR코드입니다.

2 영역   학생들이 세 가지 미래 직업을 선택하여 활동해 봅니다.

STEP ① 이해하기

직업을 이해하는데 도움이 되는 동영상을 3~5분 정도 시청하며 주어진 질문에 답해 봅니다.

STEP ② 탐색하기

내가 선택한 직업인이 하는 일과 요구되는 능력, 적성 등을 알아봅니다.

STEP ③ 적용하기

직업인이 하는 일의 원리를 이해하는 활동을 하며 직업에 대한 배경 지식을 쌓습니다.

STEP ④ 도전하기

실제로 모둠원들과 직업인이 되어 업무를 수행해 봅니다.

STEP ⑤ 발표하기

모둠별로 돌아가며 직업 활동의 주제와 내용을 발표합니다.

Check 평가하기

활동을 마무리하면서 스스로를 되돌아봅니다.

🔍 이 책의 차례

1 미래 탐색

1회기
- 활동 1 미래가 보인다, 미래가 열린다 ·················· 8
- 활동 2 서프라이즈! 4차 산업혁명 기술 ·················· 12

2회기
- 활동 3 직업은 움직이는 거야 ·················· 16
- 활동 4 미래 직업, 만남의 광장 ·················· 20

2 미래 직업 체험

선택 활동: 3, 4, 5회기

열두 개 직업 중 세 개를 골라 체험해 봅니다.

1 의학에 공학을 더하면? **바이오메디컬엔지니어** ·················· 26

2 로봇도 생각할 수 있을까? **인공지능로봇개발자** ·················· 34

3 더 편하고, 더 안전하게~ **자율주행자동차법률전문가** ·············· 42

4 데이터의 의미를 찾아라! **빅데이터마케터** ·················· 50

5 아이디어를 지켜드려요~ **지식재산전문가** ················· 58

6 최신 기술로 더 똑똑해진 농장~ **스마트팜컨설턴트** ·············· 66

7 디자인으로 범죄를 예방해요~ **범죄예방환경전문가** ············· 74

8 경기에도 과학이 있다? **스포츠기록분석연구원** ················· 81

9 현실보다 더 생생해! **VR에듀크리에이터** ··················· 88

10 개인 우주여행 시대 개막! **우주여행가이드** ·················· 96

11 진짜야? 가짜야?~ **홀로그램공연기획자** ················· 104

12 기술과 글이 만나요~ **기술문서작성가** ·················· 111

3 진로 설계

6회기

활동 1 나의 미래 직업 카드 뉴스 만들기 ··············· 120

활동 2 나의 미래 직업 로드맵 발표하기 ··············· 124

7회기

활동 3 우리가 만드는 미래 도시 ·················· 128

활동 4 우리의 미래 도시 발표하기 ················· 131

서 약 서

나 _____ (은)는 미래를 여는 진로 프로그램을 성공적으로 수행하기 위해
아래와 같이 약속합니다.

1. 내가 맡은 일 성실히 이행하기

2. 나의 이야기만 하지 않기

20   년   월   일

_____ (서명)

1 미래 탐색

1 영역의 활동을 마치면

여러분은 4차 산업혁명 시대에 급변하는 미래 사회를 예측해 볼 수 있고,
새로운 미래 직업 세계에 대해 말할 수 있습니다.

1회기 — 활동 1 미래가 보인다, 미래가 열린다
활동 2 서프라이즈! 4차 산업혁명 기술

2회기 — 활동 3 직업은 움직이는 거야
활동 4 미래 직업, 만남의 광장

활동 ① 미래가 보인다, 미래가 열린다

활동 미션 지금부터 우리는!
2030년에 사는 '김미래 씨의 하루 일과'를 보고 나의 미래를 예측해 봅시다.

수업 흐름

  → →

| STEP ① 👤 10분 | STEP ② 👤 10분 | STEP ③ 👥 25분 | 수업 시간 45분 |

준비물 워크북, 필기도구, 스마트폰, 인터넷이 가능한 환경

STEP ① 이해하기
영상을 보고 김미래 씨 하루 일과표의 빈칸을 채워 봅시다.

🎬 『스마트 시대, 미래의 도시』
재생 시간: 5분 33초 / 출처: 세계미래포럼

김미래 씨의 하루 일과표		
	AM 07:30	무인 □□ 자동차로 출근
	AM 08:50	회사 로비에서 사원증 대신 □□ ID 카드로 출근 기록
	AM 10:00	미국 거래처 바이어와 □□□□□ 영상 회의
	PM 12:10	맞춤형 급식으로 점심 식사
	PM 01:30	□□ □□ 안에서 낮잠
	PM 03:00	□□ ID 카드를 통한 본인 인증 후 투표함.
	PM 06:00	비틀즈의 □□□□ 콘서트 관람
	PM 10:00	여름 휴가 계획을 짬.

TIP 영상에는 **STEP ②** 활동에 필요한 단서가 있으니 집중해서 시청하세요!

미래로 가는 〈프리패스 획득 게임〉을 해 보세요. 열 개의 관문을 모두 통과해야 프리패스를 획득할 수 있어요.

활동 안내

❶ 스마트폰에서 선생님이 알려 주시는 인터넷 주소(URL)를 누른다.

❷ 첫 페이지에 학년, 반, 번호를 적고 게임을 시작한다.

❸ 각 관문에 제시된 문제의 답을 맞혀야 한다.
보기 중에서 정답이라고 생각하는 것을 선택하고 다음을 누른다.
정답을 맞힌 경우에는 다음 관문으로 넘어간다.

❹ 오답을 선택하면 출발 지점이나 중간 지점으로 되돌아간다.
뒤로 버튼을 눌러 다시 도전해야 한다.

❺ 영상에서 본 단서를 잘 생각하면서 미래로 가는 프리패스를 획득한다.

TIP 교실에서 인터넷 접속이 안 될 경우 선생님의 안내에 따라 '도전 골든벨' 게임을 할 수 있어요!

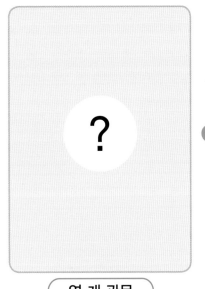

시작

열 개 관문

끝

⭐ 미래로 가는 프리패스를 가장 먼저 획득한 친구의 이름을 써 보세요.

우리 모둠 1등

우리 반 1등

STEP ❸
적용하기

2030년에 여러분은 어떤 미래를 맞이하고 싶은가요? 하루 일과 중 한 장면을 자유롭게 그려 보고 아래 칸에 설명글을 써 봅시다.

2030년   월   일

⭐ 친구들은 어떤 일과를 그렸는지 모둠원들이 돌아가면서 1분씩 이야기해 보세요.
모둠 친구의 이야기에 공감하는 정도에 따라 별표에 색칠해 보세요.

모둠원 이름 :

⭐ ⭐ ⭐ ⭐ ⭐

모둠원 이름 :

⭐ ⭐ ⭐ ⭐ ⭐

모둠원 이름 :

⭐ ⭐ ⭐ ⭐ ⭐

모둠원 이름 :

⭐ ⭐ ⭐ ⭐ ⭐

모둠원 이름 :

⭐ ⭐ ⭐ ⭐ ⭐

모둠원 이름 :

⭐ ⭐ ⭐ ⭐ ⭐

⭐ 색이 칠해진 별표 수를 확인하고 모둠에서 가장 많은 공감을 받은 친구를 축하해
주세요.

가장 많은 별표를 받은 친구

이름:

내가 받은 별표 수

개

서프라이즈! 4차 산업혁명 기술

활동 미션 지금부터 우리는!
'4차 산업혁명 시대의 기술'을 조사해 보고 인포그래픽으로 표현해 봅시다.

**수업
흐름**

STEP ❶ 👤 5분 → STEP ❷ 👥 10분 → STEP ❸ 👫 25분 → CHECK 👤 5분

**수업 시간
45분**

준비물 워크북, 필기도구, 스마트폰, 인터넷이 가능한 환경

**STEP ❶
이해하기** 영상을 보면서 산업혁명의 3요소와 4차 산업혁명이 무엇인지 써 봅시다.

🎞 『4차 산업혁명』
재생 시간: 5분 33초 / 출처: 연합인포맥스TV

🦾 산업혁명의 3요소는?

📺 4차 산업혁명이란?

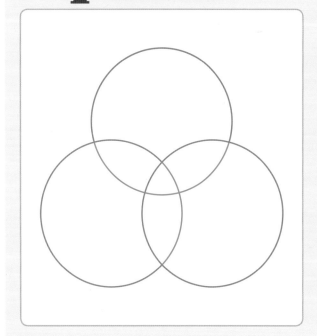

모둠원과 4차 산업혁명의 기술 중 한 가지를 선택하여 조사해 보세요.
모둠별로 서로 다른 기술을 조사해 봅시다.

4차 산업혁명
기술 예시

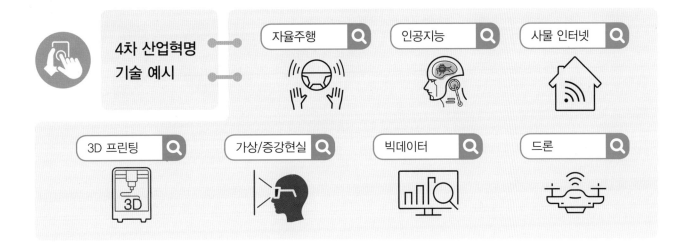

자율주행 🔍   인공지능 🔍   사물 인터넷 🔍

3D 프린팅 🔍   가상/증강현실 🔍   빅데이터 🔍   드론 🔍

우리 모둠이 관심 있는 기술은 ⬚⬚⬚⬚ 이다.

조사할 항목 예시: 정의, 특징, 활용 사례

⭐ 모둠원과 조사한 기술을 인포그래픽으로 표현해 보세요.

인포그래픽

복잡한 자료나 정보를 알기 쉽게 도형이나
간단한 이미지로 표현한 것을 말한다.

예시 코로나바이러스감염증의 국민 예방 수칙

우리 모둠이 조사한 기술	
인포그래픽으로 표현하기	

STEP ❸
발표하기

모둠별로 발표자를 선정하고 각 모둠의 인포그래픽을 발표해 봅시다.
다른 모둠의 발표를 들으며 공감 가는 내용을 적어 봅시다.

모둠 이름	조사한 기술	공감 가는 내용

CHECK
평가하기

활동 1, 2를 마무리하며 자신을 돌아보고, 학업 성취도를 평가해 봅시다.

➕	수업을 통해서 새롭게 알게 된 것	
✅	수업을 통해서 더 알고 싶어진 것	
❤️	수업에서 가장 흥미 있었던 것	

활동 **3**

직업은 움직이는 거야

활동 미션 지금부터 우리는!
'미래 사회의 변화에 따른 일자리(직업 세계)의 변화'를 탐색해 봅시다.

수업 흐름   → →   **수업 시간** **45분**

준비물 워크북, 필기도구, 스마트폰, 인터넷이 가능한 환경

STEP ❶ 이해하기 영상을 보고 가장 인상 깊은 장면과 그 이유를 써 봅시다.

 『4차 산업혁명 시대의 일자리』
재생 시간: 3분 13초 / 출처: 기획재정부

가장 인상 깊은 장면은?

가장 인상 깊었던 이유는?

아래 직업은 중학생이 희망하는 상위 직업 20개입니다. 각자 관심 있는 직업 세 가지를 선택한 후 빈칸에 써 봅시다.

교사	의사	경찰관	운동선수
조리사	군인	공무원	컴퓨터 공학자
경영자	항공기 승무원	건축가	법률 전문가
일러스트레이터	심리 상담사	작가	연주가
뷰티 디자이너	간호사	가수	유치원 교사

출처: 교육부(2019)

1

2

3

STEP ②에서 선택한 직업 중 가장 관심 있는 직업 한 가지를 고르고, 그 직업과 13쪽에서 조사한 기술을 결합하여 미래 직업을 만들어 봅시다.

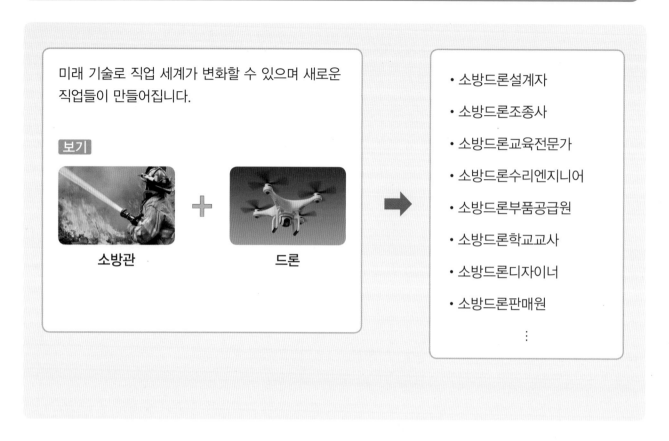

미래 기술로 직업 세계가 변화할 수 있으며 새로운 직업들이 만들어집니다.

보기

소방관 + 드론 ➡

• 소방드론설계자
• 소방드론조종사
• 소방드론교육전문가
• 소방드론수리엔지니어
• 소방드론부품공급원
• 소방드론학교교사
• 소방드론디자이너
• 소방드론판매원
⋮

⭐ 여러분이 생각하는 미래 직업을 만들어 보세요.

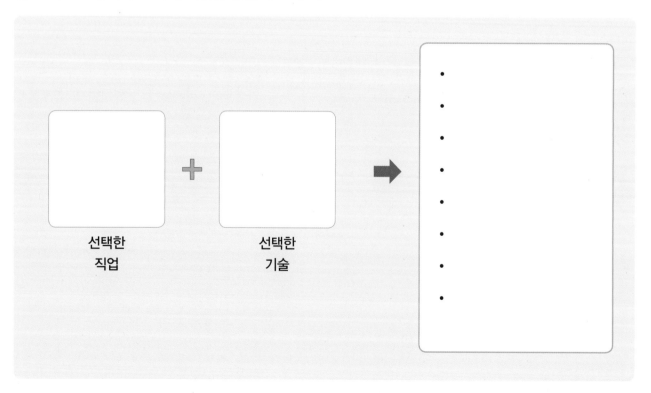

선택한 직업 + 선택한 기술 ➡

•
•
•
•
•
•
•

⭐ 여러분이 만든 미래 직업 중 한 가지를 선택하여 직업 카드를 만들어 보세요.

• 직업명

• 하는 일

💰 직업인 그리기

💳 필요한 능력

🔗 비슷한 직업

⭐ 직업 카드를 모둠별로 돌아가면서 발표하고 가장 공감이 가는 직업 세 가지를 적어 보세요.

1

2

3

활동 4

미래 직업, 만남의 광장

활동 미션 지금부터 우리는!
나의 직업 흥미 유형을 알아보고 체험할 미래 직업을 선택해 봅시다.

수업 흐름

| STEP ❶ 👤 20분 | → | STEP ❷ 👤 10분 | → | STEP ❸ 👥 10분 | → | CHECK 👤 5분 | | 수업 시간 **45분** |

준비물 워크북, 필기도구, 스마트폰, 인터넷이 가능한 환경

STEP ❶ 이해하기 다음 항목을 읽고 나에게 해당하는 것에 V표해 보세요. 합계 점수(좋아함 +잘함)가 가장 높은 나의 직업 흥미 유형은 무엇인가요?

①점: 전혀 그렇지 않다. ②점: 그렇지 않다. ③점: 보통이다. ④점: 그렇다. ⑤점: 매우 그렇다.

유형	좋아함	문항	잘함
🔍 탐험이 (탐구형)	① ② ③ ④ ⑤	퍼즐(문제) 맞추는 것	① ② ③ ④ ⑤
	① ② ③ ④ ⑤	과학과 관련된 연구를 하는 것	① ② ③ ④ ⑤
	① ② ③ ④ ⑤	수학 문제를 푸는 것	① ② ③ ④ ⑤
	① ② ③ ④ ⑤	관찰, 발견하는 것	① ② ③ ④ ⑤
	① ② ③ ④ ⑤	문제, 상황, 경향 등을 분석하는 것	① ② ③ ④ ⑤
합계 점수	_____ 점	'좋아함' 점수 + '잘함' 점수: _____ 점	_____ 점

	① ② ③ ④ ⑤	자신의 목표를 세우는 것	① ② ③ ④ ⑤
✈ 씩씩이 (기업형)	① ② ③ ④ ⑤	사람들을 설득하거나 영향을 주는 것	① ② ③ ④ ⑤
	① ② ③ ④ ⑤	물건을 파는 것	① ② ③ ④ ⑤
	① ② ③ ④ ⑤	연설하는 것	① ② ③ ④ ⑤
	① ② ③ ④ ⑤	지도자가 되는 것	① ② ③ ④ ⑤
합계 점수	_____ 점	'좋아함' 점수 + '잘함' 점수: _____ 점	_____ 점

유형	좋아함	문항	잘함
꼼꼼이 (관습형)	① ② ③ ④ ⑤	컴퓨터로 문서를 만드는 것	① ② ③ ④ ⑤
	① ② ③ ④ ⑤	하루 생활을 짜임새 있게 계획하는 것	① ② ③ ④ ⑤
	① ② ③ ④ ⑤	명확한 지시 사항이 있는 것	① ② ③ ④ ⑤
	① ② ③ ④ ⑤	숫자나 그림을 이용하는 것	① ② ③ ④ ⑤
	① ② ③ ④ ⑤	사무실 안에서 일하는 것	① ② ③ ④ ⑤
합계 점수	_____ 점	'좋아함' 점수 + '잘함' 점수: _____ 점	_____ 점

유형	좋아함	문항	잘함
뚝딱이 (실재형)	① ② ③ ④ ⑤	자동차와 관련된 것	① ② ③ ④ ⑤
	① ② ③ ④ ⑤	운동 등 몸을 움직이는 것	① ② ③ ④ ⑤
	① ② ③ ④ ⑤	동물을 돌보는 것	① ② ③ ④ ⑤
	① ② ③ ④ ⑤	모형을 조립하거나 만드는 것	① ② ③ ④ ⑤
	① ② ③ ④ ⑤	실외(바깥)에서 일하는 것	① ② ③ ④ ⑤
합계 점수	_____ 점	'좋아함' 점수 + '잘함' 점수: _____ 점	_____ 점

유형	좋아함	문항	잘함
친절이 (사회형)	① ② ③ ④ ⑤	사람들을 가르치거나 교육하는 것	① ② ③ ④ ⑤
	① ② ③ ④ ⑤	다른 사람의 문제를 돕는 것	① ② ③ ④ ⑤
	① ② ③ ④ ⑤	조직을 만들어 함께 일하는 것	① ② ③ ④ ⑤
	① ② ③ ④ ⑤	사람들을 돕는 것	① ② ③ ④ ⑤
	① ② ③ ④ ⑤	사람들을 위로하는 것	① ② ③ ④ ⑤
합계 점수	_____ 점	'좋아함' 점수 + '잘함' 점수: _____ 점	_____ 점

유형	좋아함	문항	잘함
멋쟁이 (예술형)	① ② ③ ④ ⑤	독립적으로(혼자서) 일하는 것	① ② ③ ④ ⑤
	① ② ③ ④ ⑤	글을 쓰는 것	① ② ③ ④ ⑤
	① ② ③ ④ ⑤	창조적으로(남과 다르게) 일하는 것	① ② ③ ④ ⑤
	① ② ③ ④ ⑤	그림을 그리는 것	① ② ③ ④ ⑤
	① ② ③ ④ ⑤	악기를 연주하거나 노래하는 것	① ② ③ ④ ⑤
합계 점수	_____ 점	'좋아함' 점수 + '잘함' 점수: _____ 점	_____ 점

나의 직업 흥미 유형은 [　　　　　　] 이다.

활동 안내　체험하고 싶은 미래 직업을 고를 때 체크할 사항

- 나의 직업 흥미 유형과 관련된 미래 직업은 무엇인가?
- '좋아함'의 점수가 가장 높은 흥미 유형과 관련된 미래 직업은 무엇인가?
- '잘함'의 점수가 가장 높은 흥미 유형과 관련된 미래 직업은 무엇인가?
- 미래 직업별로 어떤 체험 활동을 하는가? ➡ 미래 직업 탐색 26~117쪽 참고

탐험이

〈관련 미래 직업〉
- ☐ 바이오메디컬엔지니어
- ☐ 인공지능로봇개발자

〈연관 직업〉
생물학자 | 로봇연구원 | 의사 | 건축가 | 경제학연구원

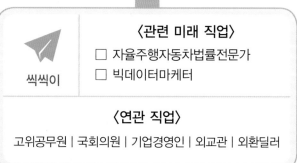

씩씩이

〈관련 미래 직업〉
- ☐ 자율주행자동차법률전문가
- ☐ 빅데이터마케터

〈연관 직업〉
고위공무원 | 국회의원 | 기업경영인 | 외교관 | 외환딜러

꼼꼼이

〈관련 미래 직업〉
- ☐ 지식재산전문가
- ☐ 스마트팜컨설턴트

〈연관 직업〉
일반 공무원 | 비서 | 회계사 | 사서 | 세무사

뚝딱이

〈관련 미래 직업〉
- ☐ 범죄예방환경전문가
- ☐ 스포츠기록분석연구원

〈연관 직업〉
경찰관 | 비행기 조종사 | 요리사 | 운동선수 | 동물 조련사

친절이

〈관련 미래 직업〉
- ☐ VR에듀크리에이터
- ☐ 우주여행가이드

〈연관 직업〉
교사 | 사회 복지사 | 간호사 | 상담가 | 항공기 승무원

멋쟁이

〈관련 미래 직업〉
- ☐ 홀로그램공연기획자
- ☐ 기술문서작성가

〈연관 직업〉
화가 | 가수 | 방송작가 | 배우 | 영화감독 | 뷰티 디자이너

자신이 선택한 미래 직업 세 가지를 쓰고, 함께 체험할 친구들의 이름을 써 보세요.

첫 번째 체험할 미래 직업:

이름:

이름:

이름:

이름:

이름:

이름:

TIP 미래 직업 세 가지를 함께 체험할 모둠원은 서로 다를 수 있습니다.

두 번째 체험할 미래 직업:

이름:

이름:

이름:

이름:

이름:

이름:

세 번째 체험할 미래 직업:

이름:

이름:

이름:

이름:

이름:

이름:

CHECK
평가하기

활동 3, 4를 마무리하며 자신을 돌아보고, 학업 성취도를 평가해 보세요.

➕ 수업을 통해서
새롭게 배운 것

✅ 수업을 통해서
더 알고 싶어진 것

❤️ 수업에서 가장
흥미 있었던 것

미술가들이 상상한 2000년 세상

1899~1910년에 장-마르크 코테(Jean-Marc Cote)를 비롯한 프랑스 미술가들은 다가올 2000년의 세상을 상상하여 그림을 그렸습니다. 백여 년 전 미술가들이 상상했던 미래 모습은 어떻게 그리고 얼마나 현실로 이루어졌을까요?

▲ 영상 통화

▲ 병아리 자동 부화 기계

▲ 자동 청소 기계

▲ 자동 밀 수확 기계

백여 년 전 미술가들이 상상했던 것과 같이 오늘날 영화, 문학 작품, 웹툰 속에서 상상하는 미래 사회 모습은 백여 년 후 미래 사회에서 얼마나 현실로 이루어질지 생각해 보세요.

2 미래 직업 체험

2영역의 활동을 마치면

여러분은 직업 흥미 유형에 따라 선택한 미래 직업 탐색 활동을 통해
자신에게 맞는 진로를 찾아갈 수 있습니다.

3, 4, 5회기 [학생 선택 활동] 1영역 〈활동 4〉에서 선택한 직업을 표시하세요.

 탐험이
- [ ] 바이오메디컬엔지니어 (26쪽)
- [ ] 인공지능로봇개발자 (34쪽)

 뚝딱이
- [ ] 범죄예방환경전문가 (74쪽)
- [ ] 스포츠기록분석연구원 (81쪽)

씩씩이
- [ ] 자율주행자동차법률전문가 (42쪽)
- [ ] 빅데이터마케터 (50쪽)

친절이
- [ ] VR에듀크리에이터 (88쪽)
- [ ] 우주여행가이드 (96쪽)

 꼼꼼이
- [ ] 지식재산전문가 (58쪽)
- [ ] 스마트팜컨설턴트 (66쪽)

 멋쟁이
- [ ] 홀로그램공연기획자 (104쪽)
- [ ] 기술문서작성가 (111쪽)

의학에 공학을 더하면?
바이오메디컬엔지니어

활동 목표 지금부터 우리는!
바이오메디컬엔지니어가 하는 일을 알아보고 의료 제품을 만들어 봅시다.

수업 흐름

STEP ❶	STEP ❷	STEP ❸	STEP ❹	STEP ❺	CHECK	수업 시간
10분	10분	25분	20분	20분	5분	90분

준비물 워크북, 필기도구, 스마트폰, 인터넷이 가능한 환경

STEP ❶ 이해하기
다음 영상을 보면서 빈칸에 들어갈 말을 써 봅시다.

 『3D 바이오프린팅 기술로 잃었던 귀를 재건하다』
재생 시간: 2분 53초 / 출처: YTN 사이언스

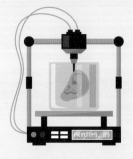

1 ☐☐ ☐☐☐☐☐☐ 기술로 신체 조직을 만들 수 있다.

2 3D 바이오프린팅 기술로 신체 조직을 만들기 위해서는 ☐☐☐ 잉크가 필요하다.

3 바이오 잉크는 ☐☐와/과 ☐☐☐을/를 사용하여 만든다.

4 3D 바이오프린팅 기술은 인공 장기의 ☐☐ 거부 반응을 줄일 수 있다.

바이오메디컬엔지니어가 어떤 일을 하는 사람인지 알아봅시다.

⭐ 아래 제시문을 보고 바이오메디컬엔지니어가 하는 일을 한 문장으로 써 보세요.

- **근무처**: 병원, 대학, 제약 회사, 제조 회사 등에서 일한다.
- **주요 업무**: 우리 주변에서 볼 수 있는 치과 임플란트, 인공 팔다리, 교정 렌즈 등 대형 영상 장비에서 의료용 나노 로봇에 이르기까지 다양한 의료 기기를 연구하고 개발한다.

⭐ 바이오메디컬엔지니어에게 필요한 능력과 적성이에요. 나의 강점에는 ○표, 약점에는 ×표를 해 보세요.

능력과 적성	○, ×
사람의 신체와 의학 기술에 관심이 많다.	
논리적으로 생각하는 것을 좋아한다.	
긴 시간 동안 연구를 할 수 있는 체력과 인내심이 있다.	
여러 가지 복잡한 상황에서 정확한 판단을 할 수 있다.	
컴퓨터 프로그램을 능숙하게 활용할 수 있다.	

⭐ 바이오메디컬엔지니어가 되려면 어떤 준비를 해야 할지 써 보세요.

지식	
인성	
자격증	

인공 귀

예시

  선천적으로 양쪽 귀가 없이 태어난 A 씨는 보청기의 도움으로 다른 사람들과 의사소통하는 일이 가능하였다. 하지만 어릴 적부터 다른 사람들과 다른 외모 때문에 큰 스트레스를 받아왔다.

  그러던 중 우연히 인공 귀 이식 수술에 대해 알게 되었고 유명한 의사를 통해 자신의 몸에서 떼어 낸 연골로 귀를 만들어 이식하는 수술을 받게 되었다. 수술 후 A 씨는 남들과 비슷한 귀를 갖게 되었고, 현재 기쁘게 생활하고 있다.

로봇 의수

수술용 로봇

⭐ 모둠원들과 함께 제시된 이미지 중에서 한 가지를 골라 바이오메디컬엔지니어가 이들의 생활에 어떤 도움을 줄 수 있을지 적어 보세요.

우리 모둠이 선택한 이미지 번호:

우리 모둠이 선택한 사람이 겪는 불편한 점

〈나의 의견〉 　　　　　　　　　　　　　　〈모둠원이 선정한 의견〉

바이오메디컬엔지니어가 도와줄 수 있는 방법

STEP ④
도전하기

STEP ❸에서 생각한 아이디어를 활용하여 의료 제품을 만들려고 합니다.
모둠원들과 제품 기획안과 설계도를 만들어 봅시다.

제품 기획안

제품명

이 제품을
개발하고 싶은 이유

제품의 특징

제품 설계도

이번 시간에 알아본 미래 직업과 체험 활동을 모둠별로 돌아가면서 발표해 봅시다.

발표 준비
① 발표 내용 정하기 　예시 미래 직업 소개, 　　　 만든 제품이나 서비스 소개 ② 발표할 내용의 순서 정하기 ③ 정해진 시간에 맞게 시간 분배하기 ④ 공평하게 역할 분담하기 　예시 발표자, 질의응답자, 　　　 발표 계획서 작성자 등

발표할 때의 규칙
① 발표 시간 지키기 ② 다른 모둠의 발표 경청하기 ③ 질문하기/질문 시간 지키기 ④ 질문에 성실하게 답변하기

〈우리 모둠의 역할 분담〉

이름: 역할:	이름: 역할:	이름: 역할:	이름: 역할:	이름: 역할:

〈우리 모둠의 발표 주제와 내용〉

⭐ 모둠별 발표를 듣고 아래 평가 기준을 참고하여 모둠별 평가를 해 보세요.

모둠 이름	발표 주제와 내용	평가 점수					
		발표 내용			발표 태도		
		상	중	하	상	중	하
		상	중	하	상	중	하
		상	중	하	상	중	하
		상	중	하	상	중	하
		상	중	하	상	중	하
		상	중	하	상	중	하

〈평가 기준〉

발표 내용	• 미래 직업에 대한 조사와 탐구가 잘 이루어졌다. • 바이오메디컬기술이 우리 생활에서 어떻게 활용되는지 잘 설명하였다. • 바이오메디컬기술을 적용한 제품이나 서비스의 아이디어가 창의적이다. • 진로를 계획하는 데 많은 도움을 줄 수 있다.
발표 태도	• 바른 자세와 태도로 발표를 하였다. • 정해진 시간 내에 발표를 마쳤다. • 다른 모둠의 발표를 경청하며 들었다.

CHECK 평가하기 · 활동을 마무리하며 나 자신을 돌아보고 스스로 학업 성취도를 평가해 봅시다.

➕ 수업을 통해서 새롭게 알게 된 것

✅ 수업을 통해서 더 알고 싶어진 것

♥ 수업에서 가장 흥미 있었던 것

로봇도 생각할 수 있을까?
인공지능로봇개발자

탐험이

활동 미션 지금부터 우리는!
인공지능로봇개발자가 하는 일을 알아보고 체험해 봅시다.

수업 흐름

STEP ❶	STEP ❷	STEP ❸	STEP ❹	STEP ❺	CHECK
👤 10분	👤 10분	👥 25분	👥 20분	👥 20분	👤 5분

수업 시간 90분

준비물 워크북, 필기도구, 스마트폰, 인터넷이 가능한 환경

STEP ❶ 이해하기 다음 영상을 보면서 빈칸에 들어갈 말을 써 봅시다.

 『클릭! 소프트웨어 – 인공지능』
재생 시간: 5분 25초 / 출처: EBS Culture

1 로봇은 인간이 넣은 명령어로 □□□ □을/를 일을 반복적으로 처리하는 기계이다.

2 인간은 다양한 □□와/과 □□□□을/를 통해 학습한다.

3 인공지능은 많은 □□□을/를 가지고 스스로 규칙을 만들어 낸다.

인공지능로봇개발자가 어떤 일을 하는 사람인지 알아봅시다.

⭐ 아래 제시문을 보고 인공지능로봇개발자가 하는 일을 한 문장으로 써 보세요.

> • **근무처**: 기업의 연구소, 정부 기관의 연구소, 자동화 시스템 관련 업체 등에서 일한다.
> • **주요 업무**: 인간만이 갖고 있는 특징을 이해하고 이를 바탕으로 로봇이 인간처럼 생각하고 의사 결정할 수 있도록 하는 인공지능 프로그램을 연구하거나 개발한다.

⭐ 인공지능로봇개발자에게 필요한 능력과 적성이에요. 나의 강점에는 ○표, 약점에는 ×표를 해 보세요.

능력과 적성	○, ×
사람이 어떻게 생각하고 느끼고 판단하는지에 관심이 많다.	
수학과 기계 분야에 관심이 많다.	
끊임없이 새로운 기술에 호기심을 갖고 공부할 수 있다.	
여러 가지 상황에서 논리적으로 정확하게 판단할 수 있다.	
컴퓨터 프로그램을 능숙하게 활용할 수 있다.	

⭐ 인공지능로봇개발자가 되려면 어떤 준비를 해야 할지 써 보세요.

지식	
인성	
자격증	

다음 제시된 인공지능 로봇은 어떤 특징을 가지고 있는지 모둠원과
조사하여 써 봅시다.

소셜 로봇

예시

소셜 로봇(Social Robot)은 언어, 몸짓과 같은 사회적 행동으로 사
람과 소통하고 교감하는 로봇을 말한다. 소셜 로봇은 사람의 말을
이해하는 수준을 넘어서 카메라를 통해 사람의 얼굴을 살펴본 뒤
심리 상태를 분석해 대화를 하고 감정을 표현하기도 한다. 이러한
소셜 로봇은 인공지능, 빅데이터, 사물 인터넷 등의 신기술을 융합
하여 만든다.

로봇 예술가

휴머노이드 로봇

✪ 모둠원과 함께 제시된 장소 중에서 한 곳을 선택해 보고 그곳에는 어떤 인공지능 로봇이 있으면 좋을지 써 보세요.

우리 모둠이 선택한 장소:

우리 모둠이 함께 생각한 인공지능 로봇 아이디어

모둠원과 함께 생각한 아이디어를 가지고 인공지능 로봇의 기획안과
설계도를 작성해 봅시다.

인공지능 로봇 기획안

인공지능 로봇 이름	
이 인공지능 로봇을 개발하고 싶은 이유	
인공지능 로봇의 특징	

인공지능 로봇 설계도

이번 시간에 알아본 미래 직업 체험 활동을 모둠별로 돌아가면서 발표해 봅시다.

발표 준비
① 발표 내용 정하기
예시 미래 직업 소개, 만든 제품이나 서비스 소개
② 발표할 내용의 순서 정하기
③ 정해진 시간에 맞게 시간 분배하기
④ 공평하게 역할 분담하기
예시 발표자, 질의응답자, 발표 계획서 작성자 등

발표할 때의 규칙
① 발표 시간 지키기
② 다른 모둠의 발표 경청하기
③ 질문하기/질문 시간 지키기
④ 질문에 성실하게 답변하기

〈우리 모둠의 역할 분담〉

이름:	이름:	이름:	이름:	이름:
역할:	역할:	역할:	역할:	역할:

〈우리 모둠의 발표 주제와 내용〉

⭐ 모둠별 발표를 듣고 아래 평가 기준을 참고하여 모둠별 평가를 해 보세요.

모둠 이름	발표 내용	평가 점수					
		발표 내용			발표 태도		
		상	중	하	상	중	하
		상	중	하	상	중	하
		상	중	하	상	중	하
		상	중	하	상	중	하
		상	중	하	상	중	하
		상	중	하	상	중	하

⟨평가 기준⟩

발표 내용	• 미래 직업에 대한 조사와 탐구가 잘 이루어졌다. • 인공지능 로봇의 특징을 잘 설명하였다. • 인공지능 로봇의 기획안과 설계도가 실용적이고 창의적이다. • 진로를 계획하는 데 많은 도움을 줄 수 있다.
발표 태도	• 바른 자세와 태도로 발표를 하였다. • 정해진 시간 내에 발표를 마쳤다. • 다른 모둠의 발표를 경청하며 들었다.

CHECK 평가하기 활동을 마무리하며 나 자신을 돌아보고 스스로 학업 성취도를 평가해 봅시다.

➕ 수업을 통해서
새롭게 알게 된 것

✔️ 수업을 통해서
더 알고 싶어진 것

❤️ 수업에서 가장
흥미 있었던 것

더 편하고, 더 안전하게 ~
자율주행자동차법률전문가

활동 미션 지금부터 우리는!
자율주행자동차법률전문가가 하는 일을 알아보고 간접 체험을 해 봅시다.

수업 흐름

STEP ❶ 10분 → STEP ❷ 10분 → STEP ❸ 25분 → STEP ❹ 20분 → STEP ❺ 20분 → CHECK 5분

수업 시간 90분

준비물 워크북, 필기도구, 스마트폰, 인터넷이 가능한 환경

STEP ❶ 이해하기

다음 영상을 보고, 아래 두 가지 의견 중에서 동의하는 것에 V표 하고
그 이유를 써 봅시다.

『세상의 모든 법칙 – 트롤리 딜레마, 당신의 선택은?』
재생 시간: 4분 53초 / 출처: EBS Culture

① 자율주행차 운행 프로그램은 **보행자 우선**으로 설계되어야 한다. ☐

② 자율주행차 운행 프로그램은 **운전자 우선**으로 설계되어야 한다. ☐

그렇게 생각한 이유

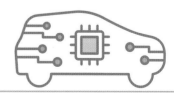

자율주행자동차법률전문가는 어떤 일을 하는 사람인지 알아봅시다.

⭐ 아래 제시문을 보고 자율주행자동차법률전문가가 하는 일을 한 문장으로 써 보세요.

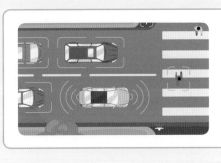

- **근무처**: 법무법인, 법원, 자치단체, 공공기관, 연구소, 일반 기업체 등에서 일을 합니다.
- **주요 업무**: 자율주행차 안전 기준 위반, 자동차 결함 및 사고 발생 시 책임 소재와 같이 복잡하고 다양한 상황에 관한 법률을 조언해 주는 일을 합니다.

⭐ 자율주행자동차법률전문가에게 필요한 능력과 적성이에요. 나의 강점에는 ○표, 약점에는 ×표를 해 보세요.

능력과 적성	○, ×
법에 관심이 많고 일상생활에서 법과 규칙을 잘 지킨다.	
누구에게나 공정하고 진실하다.	
다른 사람을 상담하고 설득하는 것을 좋아한다.	
전문 지식의 책을 잘 읽고 이해하며 글을 논리적으로 쓸 수 있다.	
새로운 과학기술에 관심이 많고 지속적으로 공부할 수 있다.	

⭐ 자율주행자동차법률전문가가 되려면 어떤 준비를 해야 할지 써 보세요.

지식	
인성	
자격증	

〈자율주행 자동차의 주행 단계〉 도표를 참고하여, 자율주행 자동차와 도로에 필요한 장치를 그려 보고 설명해 봅시다.

자율주행 자동차의 주행 단계

인지		판단		제어
외부의 다양한 정보를 수집	⇨	수집된 정보를 바탕으로 최적의 경로와 전략 결정	⇨	판단에 따라 자동차의 속도와 방향을 조절하여 스스로 주행

자율주행 자동차에 필요한 장치

정면

옆면

자율주행 자동차 운행을 위한 시설물

아래 상황을 보고 사고의 책임은 누구에게 있는지 모둠원과 이야기해 봅시다.

A 씨는 퇴근 시간이 되어 집에 가려고 회사를 나왔다. 회사 건물 앞에는 퇴근하기 전에 미리 스마트폰으로 호출한 자율주행 자동차가 대기하고 있었다. 자율주행 자동차를 타고 집으로 가는 동안 A 씨는 영화를 보며 간식을 먹었다.

그런데 갑자기 '쿵'하고 부딪치는 소리와 함께 자율주행 자동차가 정지하였다. 깜짝 놀란 A 씨는 차에서 내려 어떻게 된 상황인지 확인하였다. A 씨가 타고 있던 자율주행 자동차가 자전거를 타고 직진하던 B 씨와 충돌하는 사고가 발생하였다. 다행히 큰 사고는 아니었으나 B 씨는 많이 놀랐으며 B 씨의 자전거는 파손되었다.

⭐ B 씨는 누구에게 파손된 자전거를 변상받아야 하는지와 그렇게 생각한 이유를 써 보세요.

• 사고의 책임: ....

• 그렇게 생각한 이유: ....

....

....

⭐ 모둠원이 돌아가면서 자신의 생각을 이야기하고 가장 공감이 가는 내용을 뽑아 보세요.

친구 이름	친구 생각	공감 가는 내용

모둠원과 자율주행자동차 운행 시 발생할 수 있는 문제점을 세 가지를 써 보고, 이 중 한 가지를 골라 모둠원과 해결 방안을 써 보세요.

자율주행 자동차 문제점, 자율주행 자동차 법적 문제, 윤리적 문제

문제점 1

문제점 2

문제점 3

해결 방안

이번 시간에 알아본 미래 직업과 체험 활동을 모둠별로 돌아가면서 발표해 봅시다.

발표 준비
① 발표 내용 정하기 　예시 미래 직업 소개, 　　　　만든 제품이나 서비스 소개 ② 발표할 내용의 순서 정하기 ③ 정해진 시간에 맞게 시간 분배하기 ④ 공평하게 역할 분담하기 　예시 발표자, 질의응답자, 　　　　발표 계획서 작성자 등

발표할 때의 규칙
① 발표 시간 지키기 ② 다른 모둠의 발표 경청하기 ③ 질문하기/질문 시간 지키기 ④ 질문에 성실하게 답변하기

〈우리 모둠의 역할 분담〉

이름: 역할:	이름: 역할:	이름: 역할:	이름: 역할:	이름: 역할:

〈우리 모둠의 발표 주제와 내용〉

⭐ 모둠별 발표를 듣고 아래 평가 기준을 참고하여 모둠별 평가를 해 보세요.

모둠 이름	발표 내용	평가 점수					
		발표 내용			발표 태도		
		상	중	하	상	중	하
		상	중	하	상	중	하
		상	중	하	상	중	하
		상	중	하	상	중	하
		상	중	하	상	중	하
		상	중	하	상	중	하

〈평가 기준〉

발표 내용	• 미래 직업에 대한 조사와 탐구가 잘 이루어졌다. • 자율주행 자동차와 도로에 필요한 장치를 잘 설명하였다. • 자율주행 자동차 운행 시 발생할 수 있는 문제점과 해결 방안을 잘 제시하였다. • 진로를 계획하는 데 많은 도움을 줄 수 있다.
발표 태도	• 바른 자세와 태도로 발표를 하였다. • 정해진 시간 내에 발표를 마쳤다. • 다른 모둠의 발표를 경청하며 들었다.

CHECK 평가하기 활동을 마무리하며 나 자신을 돌아보고 스스로 학업 성취도를 평가해 봅시다.

➕	수업을 통해서 새롭게 알게 된 것	
✔	수업을 통해서 더 알고 싶어진 것	
♥	수업에서 가장 흥미 있었던 것	

데이터의 의미를 찾아라!
빅데이터마케터

활동 미션 지금부터 우리는!
빅데이터마케터가 하는 일을 알아보고 간접적으로 체험해 봅시다.

**수업
흐름**

| STEP ❶ 10분 | STEP ❷ 10분 | STEP ❸ 25분 | STEP ❹ 20분 | STEP ❺ 20분 | CHECK 5분 |

**수업 시간
90분**

준비물 워크북, 필기도구, 스마트폰, 인터넷이 가능한 환경

STEP ❶ 이해하기
다음 영상을 보고 아래 빈칸에 공통으로 들어갈 말을 써 봅시다.

🎞 『클릭! 소프트웨어 – 빅데이터』
　　재생 시간: 4분 33초 / 출처: EBS Culture

〈빅데이터의 시초! 크림 전쟁 당시 나이팅게일의 활약〉

□□□ 수집
약 2년 동안 병사들의 입원 시점과 부상 내용, 추가 감염, 질병 여부 등 치료 내용을 기록

□□□ 시각화
수집한 □□□을/를 한눈에 볼 수 있는 그래프로 만듦.

□□□ 분석
부상으로 죽는 병사보다 질병으로 죽는 병사가 더 많은 것을 확인함.

분석한 자료를 바탕으로 병원 환경을 개선하자, 1년 후 사망률이 43%에서 2%로 낮아짐.

빅데이터마케터가 어떤 일을 하는 사람인지 알아봅시다.

⭐ 아래 제시문을 보고, 빅데이터마케터가 하는 일을 한 문장으로 써 보세요.

- **근무처**: 빅데이터마케터는 백화점, 마트, 은행, 병원 등 거의 모든 분야의 기업에서 일을 한다.
- **주요 업무**: 수많은 데이터를 수집하여 사람들의 행동이나 시장의 변화 등을 분석하고 이를 시각화하여 제공하며, 데이터 분석 결과를 바탕으로 마케팅 전략을 세운다.

⭐ 빅데이터마케터에게 필요한 능력과 적성이에요. 나의 강점에는 ○표, 약점에는 ×표를 해 보세요.

능력과 적성	○, ×
작은 일에도 꼼꼼하게 주의를 기울인다.	
수학적 감각이 발달해 있으며, 컴퓨터 프로그램을 잘 사용한다.	
어떤 일을 밀고 나가는 실행력과 추진력이 있다.	
체계적이고 논리적으로 생각한다.	
호기심이 많으며 끊임없이 연구하는 것을 좋아한다.	

⭐ 빅데이터마케터가 되려면 어떤 준비를 해야 할지 써 보세요.

지식	
인성	
자격증	

일상생활에서 빅데이터가 적용된 사례를 모둠원과 찾아 써 봅시다.

빅데이터 활용, 빅데이터 사례, 빅데이터 마케팅

N 버스

예시

　서울시에서는 2013년 9월 12일에 서울 심야버스를 신설하였다. 심야버스의 바탕색은 짙은 파란색이며, 숫자 앞에 N이 추가된다. 별명은 올빼미버스로 번호 체계는 N + 기점 권역 + 종점 권역으로 한다.
　올빼미버스는 서울시가 늦은 시간에 통화량이 가장 많은 지역의 빅데이터를 분석하고, 그 결과에 따라 왼쪽 지도와 같은 노선을 정한 것이다.

⭐ 다음 글을 보고 모둠원과 연희네 슈퍼마켓에서 생긴 문제와 이를 해결할 수 있는 방법을 써 보세요.

연희의 고민

연희의 아버지는 연희가 다니는 학교 근처에서 오랫동안 슈퍼마켓을 운영하셨다. 그런데 요즘 슈퍼마켓에 손님들의 발길이 뚝 끊겼다. 바로 학교 주변에 새로 생긴 편의점들 때문이다.

연희는 슈퍼마켓의 매출이 줄어 시름이 깊어 가는 아버지를 도울 방법이 없을까 고민하던 중 인터넷 기사가 눈에 들어왔다. "아! 이거다!"

연희는 친구들과 함께 '빅데이터'를 조사하여 분석한 뒤 슈퍼마켓의 상품 배치를 바꾸자고 아버지께 말씀드리기로 하였다.

연희가 찾은 인터넷 기사

편의점 상품 진열에도 공식이 있다

대부분의 편의점에서는 매출의 가장 높은 부분을 차지하는 음료를 매장 가장 안쪽에 배치한다. 음료를 사러 온 고객을 최대한 안쪽으로 유도하여 다른 물건까지 함께 구매하게 만들기 위해서이다. 또한 신제품과 가장 잘 팔리는 상품은 고객이 진열대 앞에 섰을 때의 눈높이와 손으로 물건을 잡기에 가장 쉬운 위치에 진열한다. 편의점의 상품 진열은 상점이 위치하는 지역과 주 고객층 계절이나 날씨 등에 따라서도 달라진다.

연희네 슈퍼마켓에 생긴 문제

해결할 수 있는 방법

설문 조사

예시

1 슈퍼마켓이나 편의점에서 고객이 1회에 사용하는 평균 금액은 대략 얼마인가요?

① 500원 ~ 1,000원　　② 1,000원 ~ 1,500원　　③ 1,500 ~ 2,000원

④ 2,000원 ~ 3,000원

2

3

4

5

6

⭐ 설문 조사 결과(빅데이터)를 토대로 연희네는 상품을 어떻게 진열하면 좋을지 평면도를 그려 보세요.

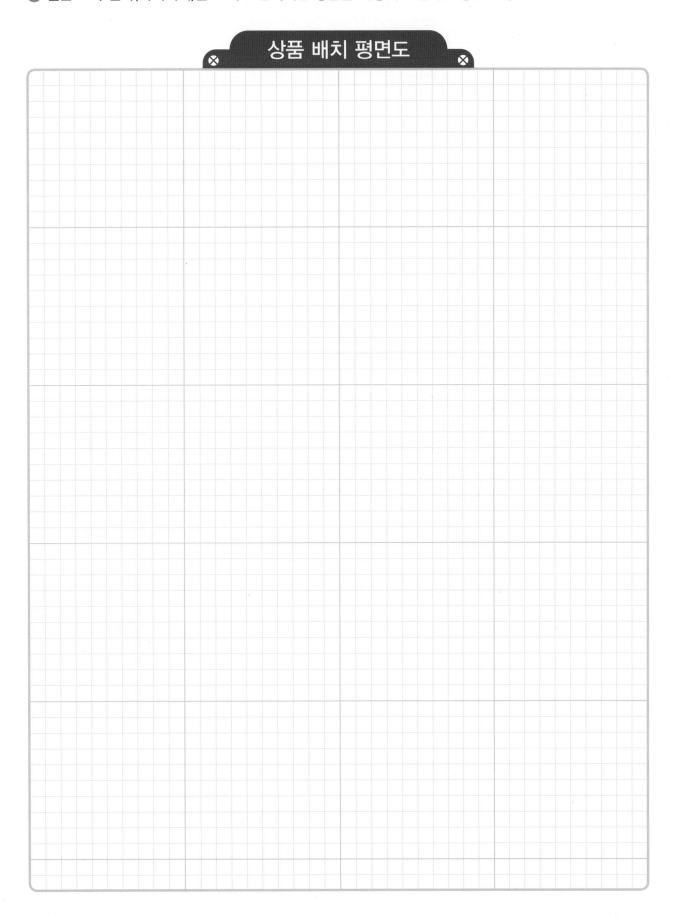

상품 배치 평면도

STEP ❺
발표하기

이번 시간에 알아본 미래 직업과 체험 활동을 모둠별로 돌아가면서 발표해 봅시다.

발표 준비

① 발표 내용 정하기
　　예시 미래 직업 소개,
　　　　　만든 제품이나 서비스 소개
② 발표할 내용의 순서 정하기
③ 정해진 시간에 맞게 시간 분배하기
④ 공평하게 역할 분담하기
　　예시 발표자, 질의응답자,
　　　　　발표 계획서 작성자 등

발표할 때의 규칙

① 발표 시간 지키기
② 다른 모둠의 발표 경청하기
③ 질문하기/질문 시간 지키기
④ 질문에 성실하게 답변하기

〈우리 모둠의 역할 분담〉

이름: 역할:	이름: 역할:	이름: 역할:	이름: 역할:	이름: 역할:

〈우리 모둠의 발표 주제와 내용〉

⭐ 모둠별 발표를 듣고 아래 평가 기준을 참고하여 모둠별 평가를 해 보세요.

모둠 이름	발표 내용	평가 점수					
		발표 내용			발표 태도		
		상	중	하	상	중	하
		상	중	하	상	중	하
		상	중	하	상	중	하
		상	중	하	상	중	하
		상	중	하	상	중	하
		상	중	하	상	중	하

〈평가 기준〉

발표 내용	• 미래 직업에 대한 조사와 탐구가 잘 이루어졌다. • 빅데이터가 우리 생활에서 어떻게 활용되는지 잘 설명하였다. • 데이터에 기반하여 제작한 상품 배치 평면도가 매력적이다. • 진로를 계획하는 데 많은 도움을 줄 수 있다.
발표 태도	• 바른 자세와 태도로 발표를 하였다. • 정해진 시간 내에 발표를 마쳤다. • 다른 모둠의 발표를 경청하며 들었다.

CHECK
평가하기

활동을 마무리하며 나 자신을 돌아보고 스스로 학업 성취도를 평가해 봅시다.

➕ 수업을 통해서
새롭게 알게 된 것

✅ 수업을 통해서
더 알고 싶어진 것

♥ 수업에서 가장
흥미 있었던 것

아이디어를 지켜드려요 ~
지식재산전문가

활동 미션 지금부터 우리는!
지식재산전문가가 하는 일을 알아보고 간접 체험을 해 봅시다.

수업 흐름

STEP ❶ 10분 → STEP ❷ 15분 → STEP ❸ 20분 → STEP ❹ 20분 → STEP ❺ 20분 → CHECK 5분

수업 시간 90분

준비물 워크북, 필기도구, 스마트폰, 인터넷이 가능한 환경

STEP ❶ 이해하기 다음 영상을 보면서 물음에 답해 봅시다.

『특허의 힘』
재생 시간: 3분 21초 / 출처: 특허청

스티브 잡스가 말한 특명을 써 보세요.

스티브 잡스의 특명

신제품 '아이폰' 발표회 직전 애플 사의 직원을 대상으로 스티브 잡스가 내린 특명은

_____ 이다.

애플이 이처럼 특허를 중요하게 생각한 이유를 써 보세요.

STEP ❷
탐색하기

지식재산전문가가 어떤 일을 하는 사람인지 알아봅시다.

⭐ 아래 제시문을 보고 지식재산전문가가 하는 일을 한 문장으로 써 보세요.

- 특허, 브랜드, 디자인 등 지적 활동으로 발생하는 지식 재산을 보호할 수 있도록 도와준다.
- 새로운 기술이나 서비스 등을 분석하여 지식 재산을 보호할 수 있는 방법을 계획한다.
- 지식 재산을 사업화하여 거래할 수 있게 하고, 이에 대한 이용료를 측정한다.
- 지식 재산과 관련된 법적 분쟁 해결을 위한 전문적인 조언을 해 준다.

⭐ 지식재산전문가에게 필요한 능력과 적성이에요. 나의 강점에는 ○표, 약점에는 ×표를 해 보세요.

능력과 적성	○, ×
창의적이고 복합적으로 생각할 수 있다.	
맡은 일에 책임감이 강하다.	
새로운 것을 탐구하고 분석하는 것을 즐긴다.	
체계적이고 논리적인 사고를 한다.	
어떤 일에 대해 미리 대비하는 성격이다.	

⭐ 지식재산전문가가 되려면 어떤 준비를 해야 할지 써 보세요.

지식	
인성	
자격증	

다음 활동을 하면서 지식재산권에 대해 알아봅시다.

⭐ 모둠별로 지식재산권 보호 실천 서약서를 작성하여 발표해 보세요.

지식재산권 보호 실천 서약서

우리는 지식재산권 보호를 위해 아래와 같이 약속합니다.

예시

① 친구에게 무단으로 MP3 음원 파일을 전달하지 않겠습니다.

앞으로 지식 재산 보호에 앞장서고 위 내용을 실천할 것을 약속합니다.

년   월   일

_____ (인)   _____ (인)
_____ (인)   _____ (인)
_____ (인)   _____ (인)

⭐ 예시처럼 한 가지 상품을 정하여 지식재산권의 다양한 형태를 이해해 보세요.

예시

종류	그림	내용
특허권		지금까지 세상에 존재하지 않았던 컵을 누군가 최초로 만들었다.
실용신안권		이미 발명된 컵에 손잡이를 붙여서 더욱 편리하게 개선하였다.
디자인권		컵의 모양(길쭉한 모양), 재질(거친 재질)을 다르게 만들었다.
상표권		다른 회사의 컵과 구별할 수 있는 상표로 만들었다.

〈내가 정한 상품〉

종류	그림	내용

특허 등록 신청서

예시

디자인 대상이 되는 물품	머그컵
디자인 설명	① 컵의 재질은 사기이다. ② 이 디자인은 음료를 담기 위한 그릇으로 사용된다. ③ 이 디자인은 심플하여 컵을 실용적으로 사용할 수 있다.
디자인 창작 내용의 요점	① 이 디자인은 원통 모형에 손잡이가 달린 컵이다. ② 기존의 일반적인 컵 디자인과는 달리 컵 안에 　쿠키도 함께 담을 수 있어 매우 실용적이다.
디자인 그림	

특허 등록 신청서

디자인 대상이 되는 물품	
디자인 설명	
디자인 창작 내용의 요점	
디자인 그림	

이번 시간에 알아본 미래 직업과 체험 활동을 모둠별로 돌아가면서 발표해 봅시다.

발표 준비
① 발표 내용 정하기 　예시 미래 직업 소개, 　　　만든 제품이나 서비스 소개 ② 발표할 내용의 순서 정하기 ③ 정해진 시간에 맞게 시간 분배하기 ④ 공평하게 역할 분담하기 　예시 발표자, 질의응답자, 　　　발표 계획서 작성자 등

발표할 때의 규칙
① 발표 시간 지키기 ② 다른 모둠의 발표 경청하기 ③ 질문하기/질문 시간 지키기 ④ 질문에 성실하게 답변하기

〈우리 모둠의 역할 분담〉

이름: 역할:	이름: 역할:	이름: 역할:	이름: 역할:	이름: 역할:

〈우리 모둠의 발표 주제와 내용〉

⭐ 모둠별 발표를 듣고 아래 평가 기준을 참고하여 모둠별 평가를 해 보세요.

모둠 이름	발표 내용	평가 점수					
		발표 내용			발표 태도		
		상	중	하	상	중	하
		상	중	하	상	중	하
		상	중	하	상	중	하
		상	중	하	상	중	하
		상	중	하	상	중	하
		상	중	하	상	중	하

〈평가 기준〉

발표 내용	• 지식재산전문가가 하는 일을 알기 쉽게 설명하였다. • 특허 등록을 위한 신청서 항목을 빠짐없이 작성하였다. • 진로를 계획하는 데 많은 도움을 줄 수 있다.
발표 태도	• 바른 자세와 태도로 발표를 하였다. • 정해진 시간 내에 발표를 마쳤다. • 다른 모둠의 발표를 경청하며 들었다.

CHECK
평가하기   활동을 마무리하며 나 자신을 돌아보고 스스로 학업 성취도를 평가해 봅시다.

➕ 수업을 통해서
새롭게 알게 된 것

✅ 수업을 통해서
더 알고 싶어진 것

❤ 수업에서 가장
흥미 있었던 것

최신 기술로 더 똑똑해진 농장 ~
스마트팜컨설턴트

활동 미션 지금부터 우리는!
스마트팜컨설턴트가 하는 일을 알아보고 현대화된 스마트팜을 설계해 봅시다.

수업 흐름

STEP ❶	STEP ❷	STEP ❸	STEP ❹	STEP ❺	CHECK	수업 시간
👤 10분	👤 10분	👥 25분	👥 20분	🧑‍🏫 20분	👤 5분	**90분**

준비물 워크북, 필기도구, 스마트폰, 인터넷이 가능한 환경

STEP ❶
이해하기

다음 영상을 보면서 물음에 답해 봅시다.

🎞️ 『스마트팜이 왜 필요할까?』
재생 시간: 4분 17초 / 출처: 농림축산식품부

1

Q 스마트팜이 주목받고 있는 이유는 무엇인가?

A 스마트팜이 농촌 □□ □□ 문제를 해결해 주기 때문이다.

2

Q 스마트팜의 대표적인 사례로는 무엇이 있는가?

A 스마트 □□, 스마트 □□, 스마트 □□(이)가 있다.

3

Q 스마트팜을 도입함으로써 농촌에서 얻게 되는 이익은 무엇일까?

스마트팜컨설턴트가 어떤 일을 하는 사람인지 알아봅시다.

⭐ 아래 제시문을 보고, 스마트팜컨설턴트가 하는 일을 한 문장으로 써 보세요.

- **근무처**: 시설 원예(비닐하우스나 유리온실을 이용한 농업)나 축산업에 종사하는 농가를 대상으로 주로 활동한다.
- **주요 업무**: 정보통신기술을 활용하여 농가 시설을 현대화하고, 농민들에게 스마트팜 설계부터 운영 과정에 대하여 조언하고 지도하는 역할을 한다. 또한 스마트팜 도입을 원하는 농민을 위하여 스마트팜에 대하여 교육하고 전문적인 도움을 준다.

⭐ 스마트팜컨설턴트가 되려면 어떤 분야를 공부해야 하는지 알아보세요.

고등학교	화학이나 물리, 농업 기초 기술과 같은 과목을 들으며 스마트팜컨설턴트가 되기 위한 기초 지식을 배운다.
대학교	스마트팜 관련 기술을 직접적으로 교육하는 전공은 없으나 농학이나 바이오시스템공학, 생물산업기계공학 등을 전공하면 스마트팜컨설턴트가 되는 데 유리하다.
기타 훈련 과정	정부 기관에서 청년 농업인을 육성하기 위한 다양한 프로그램을 운영하고 있다. 이 과정을 통하여 작물 재배 기술, 스마트 기기 운용, 온실 관리와 경영 등에 관한 기초부터 실습까지 배울 수 있다.

⭐ 10년 후 이 직업의 전망은 어떻게 변화할지 예상해 보세요.

⭐ 다음 영상을 보고 스마트팜 기술이 현재 우리 생활에 어떻게 이용되고 있는지 써 보세요.

과수원

돼지 농장

과수원

돼지 농장

⭐ 모둠원들과 스마트팜 기술로 미래의 농업은 어떻게 바뀔지 그려 보고 이야기해 보세요.

[예시]

　스마트팜컨설턴트의 도움으로 전문 농업인이 아니더라도 누구든지 농사를 지을 수 있게 된다. 또한 최첨단 스마트팜 기술을 이용하여 날씨에 제한 없이 싱싱하고 맛있는 채소를 재배할 수 있게 된다.

⭐ 가장 공감이 가는 모둠 친구의 이름과 좋았던 점·아쉬운 점을 적고, 공감 점수를 표시하세요.

친구 이름	좋았던 점	아쉬운 점	공감 점수
			☆☆☆☆☆
			☆☆☆☆☆
			☆☆☆☆☆

STEP ④
도전하기

모둠원들과 함께 스마트팜컨설턴트에게 필요한 역량을 적어 보고,
그 역량을 이용하여 스마트팜을 설계해 봅시다.

⭐ 스마트팜컨설턴트가 갖추어야 할 역량에는 무엇이 있는지 〈스마트팜컨설턴트의 핵심 역량 트리〉의
빈칸을 채우고 친구들과 이야기해 보세요.

> **이런 능력이 필요해요**
>
> 스마트팜컨설턴트는 식물과 동물에 딱 맞는 환경을 만들어야 하는 만큼 농업과 축산업에
> 대한 깊은 이해가 필요하다. 또한 농업인들을 설득하여 정밀 농업을 보급하고 판매하기 때
> 문에 설득력과 인내심도 필요하다.

스마트팜컨설턴트의 핵심 역량 트리

⭐ 스마트팜컨설턴트가 되어 사진 속 농가를 현대화하기 위한 설계를 해 보세요.

비닐하우스 농가

설계 방향

예상되는 변화

소 농장

설계 방향

예상되는 변화

이번 시간에 알아본 미래 직업 체험 활동을 모둠별로 돌아가면서 발표해 봅시다.

발표 준비	발표할 때의 규칙
① 발표 내용 정하기 　예시 미래 직업 소개, 　　　 만든 제품이나 서비스 소개 ② 발표할 내용의 순서 정하기 ③ 정해진 시간에 맞게 시간 분배하기 ④ 공평하게 역할 분담하기 　예시 발표자, 질의응답자, 　　　 발표 계획서 작성자 등	① 발표 시간 지키기 ② 다른 모둠의 발표 경청하기 ③ 질문하기/질문 시간 지키기 ④ 질문에 성실하게 답변하기

〈우리 모둠의 역할 분담〉

이름:

역할:

이름:

역할:

이름:

역할:

이름:

역할:

이름:

역할:

〈우리 모둠의 발표 주제와 내용〉

⭐ 모둠별 발표를 듣고 아래 평가 기준을 참고하여 모둠별 평가를 해 보세요.

모둠 이름	발표 내용	평가 점수					
		발표 내용			발표 태도		
		상	중	하	상	중	하
		상	중	하	상	중	하
		상	중	하	상	중	하
		상	중	하	상	중	하
		상	중	하	상	중	하
		상	중	하	상	중	하

〈평가 기준〉

발표 내용	• 스마트팜컨설턴트에 대한 조사와 탐구가 잘 이루어졌다. • 스마트팜 기술이 적용된 현재와 미래의 농업을 잘 설명하였다. • 스마트팜을 효과적으로 잘 설계하였다. • 진로를 계획하는 데 많은 도움을 줄 수 있다.
발표 태도	• 바른 자세와 태도로 발표를 하였다. • 정해진 시간 내에 발표를 마쳤다. • 다른 모둠의 발표를 경청하며 들었다.

CHECK 평가하기   활동을 마무리하며 나 자신을 돌아보고 스스로 학업 성취도를 평가해 봅시다.

➕ 수업을 통해서
새롭게 알게 된 것

✔️ 수업을 통해서
더 알고 싶어진 것

❤️ 수업에서 가장
흥미 있었던 것

디자인으로 범죄를 예방해요 ~
범죄예방환경전문가

활동 미션 지금부터 우리는!
범죄예방환경전문가가 하는 일을 알아보고 간접 체험해 봅시다.

수업 흐름

STEP ❶ 👤 5분 → STEP ❷ 👤 10분 → STEP ❸ 👥 20분 → STEP ❹ 👥 30분 → STEP ❺ 👥 20분 → CHECK 👤 5분

수업 시간 **90분**

준비물 워크북, 필기도구, 스마트폰, 인터넷이 가능한 환경

STEP ❶ 이해하기

다음 영상을 보면서 빈칸에 들어갈 말을 써 봅시다.

🎞 『디자인이 범죄를 막는다! '셉테드' 마을』
재생 시간: 3분 7초 / 출처: 국민방송

1 서울의 도화동 일대 □□ □□ □□에 셉테드 마을이 조성되어 있다.

2 셉테드란 □□ □□ □□을/를 통해 범죄를 사전에 예방하는 건축 설계 기법이다.

3 셉테드 기법으로 어두운 골목길에 CCTV, □□□, □□□, LED 가로등 등이 설치되어 늦은 시간에도 주민의 안전을 지켜준다.

⭐ 아래 Q&A를 보고 범죄예방환경전문가가 하는 일을 한 문장으로 써 보세요.

> **Q** 범죄예방환경전문가는 처음에 어떻게 등장했는가?
>
> **A** 범죄가 한 번 발생한 지역은 범죄 발생 이전 상태로 되돌릴 수 없기 때문에 처음부터 범죄가 일어나지 못 하도록 건축물이나 시설물을 설계해야 한다. 이렇게 도시 전체를 안전하게 디자인하는 작업을 '범죄예방 환경설계(CPTED · 셉테드)'라고 한다. 셉테드는 1960년대 미국에서 처음 등장했고, 1990년대에는 뉴욕에 적용되었다. 그 결과 범죄율을 절반 이하로 낮추는 효과를 냈다.
>
> **Q** 범죄예방환경전문가는 어떤 일을 하는가?
>
> **A** 범죄예방환경전문가는 셉테드를 수행하면서 도시 계획을 세울 수 있도록 도와준다. 우선 특정 지역의 범죄 현황 자료를 검토하고 현장에 나가 상황을 정확히 파악하는데, 이 과정에서 마을 구성원과 경찰, 범죄분석전문가 등과 협력하기도 한다. 주민들이 관심을 갖지 않으면 지속적으로 수행되기 어렵기 때문에 지역 주민의 참여를 이끌어내는 것이 특히 중요하다.

⭐ 범죄예방환경전문가에게 필요한 능력과 적성이에요. 나의 강점에는 ○표, 약점에는 ×표로 표시해 보세요.

능력과 적성	○, ×
주변 사람들에 대해 관심이 많다.	
도시 환경이나 디자인에 대해 관심이 많다.	
인터넷이나 다양한 서적을 통해 자료 수집하기를 좋아한다.	
새로운 것을 구상할 수 있는 창의적 사고를 지니고 있다.	
다양한 지역과 도시 곳곳을 돌아다닐 수 있는 강한 체력을 지니고 있다.	

⭐ 범죄예방환경전문가가 되려면 어떤 준비를 해야 할지 써 보세요.

지식	
인성	
자격증	

STEP ❸
적용하기

모둠별로 범죄 예방 인증제도에 대해 떠오르는 생각을 말풍선에 써 보고
이를 적용한 하나의 사례를 찾아 발표해 봅시다.

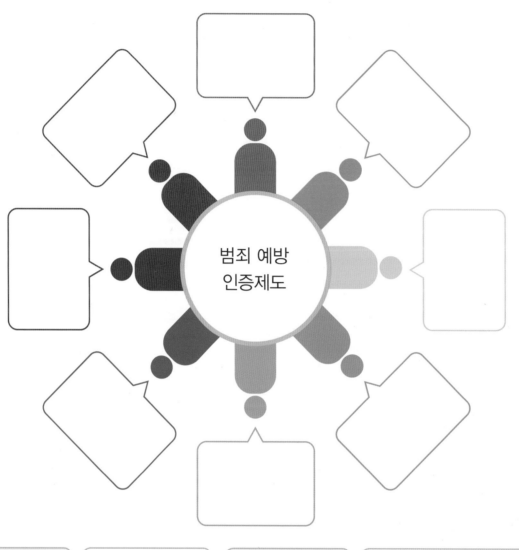

모둠 이름		모둠원	

장소	

- 대상:

- 목적:

- 주요 내용:

모둠별로 학교 폭력에 대해 떠오르는 생각을 말풍선에 써 보고 이를 예방할 수 있는 학교 환경을 설계해 봅시다.

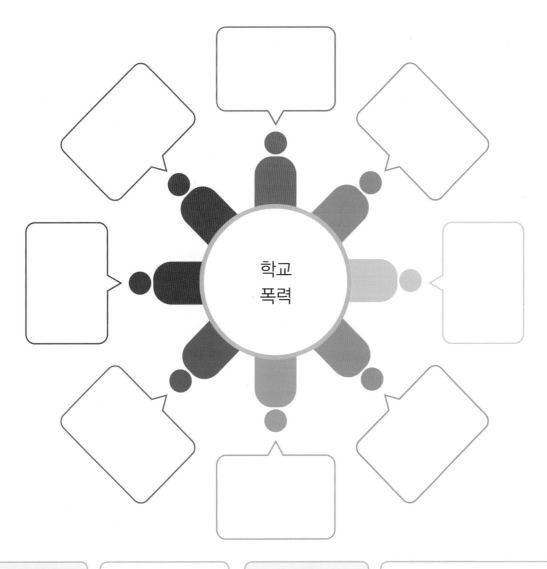

모둠 이름		모둠원	
장소			

- 원인:

- 해결 방안:

⭐ 77쪽 장소 중 한 곳을 선택하여 학교 폭력을 예방하기 위한 범죄예방환경설계안을 작성해 보세요.

범죄예방환경설계안

명칭	
장소	
목적	
주요 내용	

〈범죄예방환경설계도〉

이번 시간에 알아본 미래 직업 체험 활동을 모둠별로 돌아가면서 발표해 봅시다.

발표 준비
① 발표 내용 정하기 예시 미래 직업 소개, 만든 제품이나 서비스 소개 ② 발표할 내용의 순서 정하기 ③ 정해진 시간에 맞게 시간 분배하기 ④ 공평하게 역할 분담하기 예시 발표자, 질의응답자, 발표 계획서 작성자 등

발표할 때의 규칙
① 발표 시간 지키기 ② 다른 모둠의 발표 경청하기 ③ 질문하기/질문 시간 지키기 ④ 질문에 성실하게 답변하기

〈우리 모둠의 역할 분담〉

이름: 역할:	이름: 역할:	이름: 역할:	이름: 역할:	이름: 역할:

〈우리 모둠의 발표 주제와 내용〉

이름	
장소	
주요 내용	

⭐ 모둠별 발표를 듣고 아래 평가 기준을 참고하여 모둠별 평가를 해 보세요.

모둠 이름	발표 내용	평가 점수					
		발표 내용			발표 태도		
		상	중	하	상	중	하
		상	중	하	상	중	하
		상	중	하	상	중	하
		상	중	하	상	중	하
		상	중	하	상	중	하
		상	중	하	상	중	하

〈평가 기준〉

발표 내용	• 범죄예방환경설계안이 창의적이다. • 범죄예방환경설계안이 실생활에 적용 가능하다. • 미래 직업에 대한 조사와 탐구가 잘 이루어졌다. • 진로를 계획하는 데 많은 도움을 줄 수 있다.
발표 태도	• 바른 자세와 태도로 발표를 하였다. • 정해진 시간 내에 발표를 마쳤다. • 다른 모둠의 발표를 경청하며 들었다.

CHECK 평가하기 활동을 마무리하며 나 자신을 돌아보고 스스로 학업 성취도를 평가해 봅시다.

➕ 수업을 통해서 새롭게 알게 된 것

✅ 수업을 통해서 더 알고 싶어진 것

♡ 수업에서 가장 흥미 있었던 것

경기에도 과학이 있다?
스포츠기록분석연구원

활동 미션　지금부터 우리는!
스포츠기록분석연구원이 하는 일을 알아보고 보고서를 작성해 봅시다.

수업 흐름

STEP ❶ 👤 10분 → STEP ❷ 👤 5분 → STEP ❸ 👥 20분 → STEP ❹ 👥 20분 → STEP ❺ 🧍 30분 → CHECK 👤 5분

수업 시간 **90분**

준비물　워크북, 필기도구, 스마트폰, 인터넷이 가능한 환경

STEP ❶ 이해하기　다음 영상을 보면서 빈칸에 들어갈 말을 써 봅시다.

　『스포츠 부흥을 이끈 숨은 주역, '스포츠기록분석연구원'을 만나다!』
재생 시간: 약 5분(6분 5초부터 시청) / 출처: 브릿지TV

🧑 스포츠기록분석연구원이 하는 일은?

　1️⃣ 선수들의 □□, □□, □□ 등을 측정하여 모든 데이터들을 체계적으로 기록해서 분석한다.

　2️⃣ 스포츠 선수와 팀의 성과를 분석하여 감독, 코치와 협력하여 □□ □□ □□이나 □□을/를 개선한다.

🧑 '스포츠영상분석가'와 '스포츠기록분석연구원'의 차이점은?

　스포츠영상분석가는 선수들의 어떤 동작에 대한 □□을/를 평가하지만 스포츠기록분석연구원은 □□ 중심의 평가를 하며, 그 기록을 통해 얻어진 수치에 의미를 부여한다.

⭐ 아래 제시문을 보고 스포츠기록분석연구원이 하는 일을 한 문장으로 써 보세요.

- 소속된 팀과 경쟁 팀, 각 팀 선수들의 경기 모습을 촬영한 동영상과 캡처한 화면 등을 바탕으로 각 선수의 특성과 성과를 분석합니다.
- 경기에서 이기기 위해 분석한 결과를 경기 계획과 전략, 선수 관리, 훈련 프로그램 개선 등에 활용합니다.

⭐ 스포츠기록분석연구원에게 필요한 능력과 적성이에요. 나의 강점에는 ○표, 약점에는 ×표를 해 보세요.

능력과 적성	○, ×
수학적인 분석 능력(통계)을 갖추고 있다.	
사람들과의 관계에서 의사소통 능력이 뛰어나다.	
카메라로 사진 찍기나 영상을 촬영하여 편집하기를 좋아한다.	
컴퓨터에 대한 지식이 많고, 컴퓨터를 능숙하게 다룰 수 있다.	
스포츠에 대한 전문 지식을 지니고 있어서 스포츠 경기를 흥미롭게 관람한다.	

⭐ 스포츠기록분석연구원이 되려면 어떤 준비를 해야 할지 써 보세요.

지식	
인성	
자격증	

다양한 스포츠 관련 직업과 하는 일을 조사하고 '스포츠기록분석연구원' 이라는 직업과의 차이점을 발표해 봅시다.

야외활동지도사, 스포츠마케터, 스포츠기록분석연구원, 스포츠해설사, 스포츠트레이너, 스포츠에이전트	

직업	하는 일	스포츠기록분석연구원과의 차이점
예시 스포츠심리상담사	스포츠 선수나 가족, 지도자에게 심리 상담과 교육을 한다.	상대방이 하는 이야기를 잘 듣고 스포츠 심리 전문 지식을 활용하여 따뜻하게 대화할 수 있는 언어 능력이 필요하다.

STEP ④
도전하기

모둠별로 아래 운동 종목 중 한 가지를 선택하여 스포츠기록분석연구원으로서 경기를 기록하고 데이터를 분석하여 보고서를 작성해 봅시다.

⭐ 다음 운동이 지닌 특징과 경기 규칙, 득점 방법 등을 조사하여 써 보세요.

(학교별로 운동 종목을 달리 정할 수 있어요.)

| 축구 | 야구 | 배구 | 농구 |

모둠에서 선택한 운동 종목	
특징	
경기 규칙	
득점 방법	

⭐ 모둠별로 84쪽의 운동 종목 중 한 종목을 선정하여 경기 영상을 찾아 관람하고, 모둠원이 역할을 분담하여 경기를 분석한 후 보고서를 작성해 보세요.

스포츠기록분석 보고서

종목	
역할 분담	• 총괄자: • 동영상 자료 준비자: • 기록원: • 데이터 분석가: • 보고서 작성자:
경기 기록 내용	
데이터 분석 내용	
각 선수별 특징과 성과 분석	
경기 계획과 전략	

STEP ⑤ 발표하기

이번 시간에 알아본 미래 직업 체험 활동을 모둠별로 돌아가면서 발표해 봅시다.

발표 준비

① 발표 내용 정하기
  예시 미래 직업 소개,
       만든 제품이나 서비스 소개
② 발표할 내용의 순서 정하기
③ 정해진 시간에 맞게 시간 분배하기
④ 공평하게 역할 분담하기
  예시 발표자, 질의응답자,
       발표 계획서 작성자 등

발표할 때의 규칙

① 발표 시간 지키기
② 다른 모둠의 발표 경청하기
③ 질문하기/질문 시간 지키기
④ 질문에 성실하게 답변하기

〈우리 모둠의 역할 분담〉

이름:	이름:	이름:	이름:	이름:
역할:	역할:	역할:	역할:	역할:

〈우리 모둠의 발표 주제와 내용〉

모둠명	
주제	
내용	

⭐ 모둠별 발표를 듣고 아래 평가 기준을 참고하여 모둠별 평가를 해 보세요.

모둠 이름	발표 내용	평가 점수					
		발표 내용			발표 태도		
		상	중	하	상	중	하
		상	중	하	상	중	하
		상	중	하	상	중	하
		상	중	하	상	중	하
		상	중	하	상	중	하
		상	중	하	상	중	하

〈평가 기준〉

발표 내용	• 스포츠기록분석연구원에 대한 조사와 탐구가 잘 이루어졌다. • 운동이 지닌 특징과 규칙, 득점 방법을 잘 설명하였다. • 스포츠기록분석 보고서를 충실하게 작성하였다. • 진로를 계획하는 데 많은 도움을 줄 수 있다.
발표 태도	• 바른 자세와 태도로 발표를 하였다. • 정해진 시간 내에 발표를 마쳤다. • 다른 모둠의 발표를 경청하며 들었다.

CHECK 평가하기 　활동을 마무리하며 나 자신을 돌아보고 스스로 학업 성취도를 평가해 봅시다.

➕ 수업을 통해서
　새롭게 알게 된 것

✅ 수업을 통해서
　더 알고 싶어진 것

💟 수업에서 가장
　흥미 있었던 것

현실보다 더 생생해!

VR에듀크리에이터

활동 미션 지금부터 우리는!
VR에듀크리에이터가 하는 일을 알아보고 수업을 디자인해 봅시다.

수업 흐름

| STEP ❶ 5분 | STEP ❷ 15분 | STEP ❸ 25분 | STEP ❹ 20분 | STEP ❺ 20분 | CHECK 5분 | 수업 시간 **90분** |

준비물 워크북, 필기도구, 스마트폰, 인터넷이 가능한 환경

STEP ❶ 이해하기

다음 영상을 보면서 개념과 관련된 내용을 옳게 연결해 봅시다.

🎞 『다큐 세상 – 가상현실, 증강현실, 혼합현실』
　　재생 시간: 2분 37초 / 출처: KBS

1	VR(가상현실)	●	●	가상 세계에서 실제와 같은 체험을 할 수 있는 기술
2	AR(증강현실)	●	●	현실 세계와 가상 세계 정보를 결합해 두 세계를 융합시키는 공간을 만들어 내는 기술
3	MR(혼합현실)	●	●	실제 현실에 가상의 정보를 더해 보여 주는 기술

VR에듀크리에이터가 어떤 일을 하는 사람인지 알아봅시다.

⭐ 아래 제시문을 보고 VR에듀크리에이터가 하는 일을 한 문장으로 써 보세요.

- VR을 해당 과목의 주제와 내용에 결합하여 수업을 설계한다.
- VR 교육의 전체적인 제작 과정을 파악할 수 있는 스토리보드를 작성한다.
- VR 교육에 들어가는 캐릭터나 각종 소품을 3D 작업을 통해 구체화하고, 정지된 그림들을 연결해 움직임을 만드는 작업을 한다.

⭐ VR에듀크리에이터에게 필요한 능력과 적성이에요. 나의 강점에는 ○표, 약점에는 ×표를 해 보세요.

능력과 적성	○, ×
상상력과 호기심이 많다.	
컴퓨터 프로그램을 잘 다룬다.	
다른 사람을 이끄는 것을 좋아하고 적극적인 성격이다.	
한 가지 상황도 여러 관점에서 바라보고 판단하는 편이다.	
체계적이고 논리적인 사고를 잘 한다.	

⭐ VR에듀크리에이터가 되려면 어떤 준비를 해야 할지 써 보세요.

지식	
인성	
자격증	

가상현실이 우리 생활에서 어떻게 활용되고 있는지 아래 사진 중 한 가지 분야를 골라 써 봅시다.

① 교육

② 의료

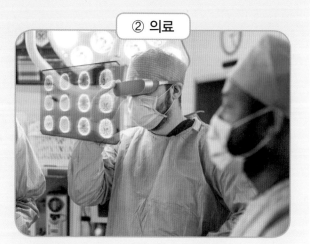

③ 건강

내가 선택한 분야:

내가 선택한 분야에서 가상 현실은

활용되고 있다.

⭐ 가상현실을 이용하면 유용할 분야에는 또 무엇이 있는지 찾아 써 보세요.

분야	내용

⭐ 가상현실을 나만의 말로 정의 내려 보세요.

가상현실은 마술사이다.
왜냐하면 현실에서 실제로 일어나기 어려운 것들을
가능하게 해 주기 때문이다.

가상현실은   (이)다.

왜냐하면

모둠원들과 VR에듀크리에이터가 되어 수업을 디자인해 봅시다.

✪ VR에듀크리에이터가 되어 수업하고 싶은 과목(좋아하는 과목)을 적어 보세요.

✪ 위의 과목 중 한 가지를 골라 가상현실을 적용할 수 있는 주제를 써 보세요.

내가 선택한 과목은 ⬚⬚⬚⬚⬚⬚ (이)다.

• 예시 가상현실을 이용하여 조선 시대 시장의 모습을 재연해 볼 수 있다.

⭐ 모둠에서 고른 과목 중 가상현실을 이용해 볼 수 있는 장면을 그려 보고 그 효과를 적어 보세요.

1

〈기대 효과〉

2

〈기대 효과〉

3

〈기대 효과〉

4

〈기대 효과〉

STEP ❺
발표하기

이번 시간에 알아본 미래 직업 체험 활동을 모둠별로 돌아가면서 발표해 봅시다.

발표 준비
① 발표 내용 정하기 예시 미래 직업 소개, 　　　 만든 제품이나 서비스 소개 ② 발표할 내용의 순서 정하기 ③ 정해진 시간에 맞게 시간 분배하기 ④ 공평하게 역할 분담하기 예시 발표자, 질의응답자, 　　　 발표 계획서 작성자 등

발표할 때의 규칙
① 발표 시간 지키기 ② 다른 모둠의 발표 경청하기 ③ 질문하기/질문 시간 지키기 ④ 질문에 성실하게 답변하기

〈우리 모둠의 역할 분담〉

이름:

역할:

이름:

역할:

이름:

역할:

이름:

역할:

이름:

역할:

〈우리 모둠의 발표 주제와 내용〉

⭐ 모둠별 발표를 듣고 아래 평가 기준을 참고하여 모둠별 평가를 해 보세요.

모둠 이름	발표 내용	평가 점수					
		발표 내용			발표 태도		
		상	중	하	상	중	하
		상	중	하	상	중	하
		상	중	하	상	중	하
		상	중	하	상	중	하
		상	중	하	상	중	하
		상	중	하	상	중	하

〈평가 기준〉

발표 내용	• VR에듀크리에이터에 대한 조사와 탐구가 잘 이루어졌다. • 가상현실에 관한 나만의 정의가 창의적이다. • 가상현실을 적용할 수 있는 과목과 주제가 적절하다. • 진로를 계획하는 데 많은 도움을 줄 수 있다.
발표 태도	• 바른 자세와 태도로 발표를 하였다. • 정해진 시간 내에 발표를 마쳤다. • 다른 모둠의 발표를 경청하며 들었다.

CHECK 평가하기 활동을 마무리하며 나 자신을 돌아보고 스스로 학업 성취도를 평가해 봅시다.

➕ 수업을 통해서
새롭게 알게 된 것

✅ 수업을 통해서
더 알고 싶어진 것

❤️ 수업에서 가장
흥미 있었던 것

개인 우주여행 시대 개막!
우주여행가이드

활동 미션 지금부터 우리는!
우주여행가이드가 하는 일을 알아보고 우주여행 상품을 개발해 봅시다.

수업 흐름

| STEP ❶ 5분 | STEP ❷ 15분 | STEP ❸ 20분 | STEP ❹ 25분 | STEP ❺ 20분 | CHECK 5분 | 수업 시간 **90분** |

준비물 워크북, 필기도구, 스마트폰, 인터넷이 가능한 환경

STEP ❶ 이해하기
다음 영상을 보고 우주 생활은 지구와 어떻게 다를지 자유롭게 써 보세요.

『우주에서 잘 때 생기는 일』
재생 시간: 1분 26초 / 출처: 중앙일보

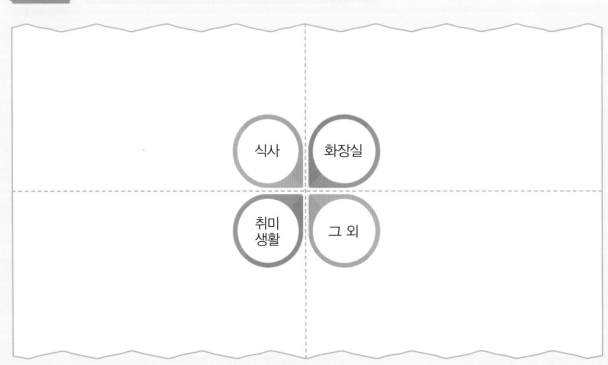

식사 화장실

취미 생활 그 외

우주여행가이드가 어떤 일을 하는 사람인지 알아봅시다.

⭐ 아래 제시문을 보고 우주여행가이드가 하는 일을 한 문장으로 써 보세요.

- 우주여행 체험 대상자를 상담하고 신체 적정성을 확인한다.
- 우주여행에 필요한 탐사 준비 훈련을 담당한다.
- 지구 궤도의 흥미로운 곳을 가기 위해 방문 코스를 구성한다.
- 관광객에게 방문 장소와 우주여행 중 일어나는 다양한 우주의 상황을 설명해 준다.
- 우주에서 일어날 수 있는 관광객의 건강 문제를 해결한다.

⭐ 우주여행가이드에게 필요한 능력과 적성이에요. 나의 강점에는 ○표, 약점에는 ✕표를 해 보세요.

능력과 적성	○, ✕
수학과 과학 과목에 관심이 많다.	
힘든 훈련 과정도 견뎌낼 수 있는 인내력이 있다.	
말을 조리 있게 잘 하는 편이다.	
처음 보는 사람들과도 잘 어울린다.	
평소에 여행을 좋아하고 낯선 장소를 두려워하지 않으며 모험을 즐긴다.	

⭐ 우주여행가이드가 되려면 어떤 준비를 해야 할지 써 보세요.

지식	
인성	
자격증	

⭐ 나만의 우주여행 버킷리스트를 만들어 보세요.

우주여행 버킷리스트

예시

✅ 달에 가서 인증 사진 찍기

✅

✅

✅

✅

✅

⭐ 친구의 버킷리스트 중에 하고 싶은 것이 있나요? 있으면 무엇인지 써 보세요.

이름	내용

⭐ 우주여행 장소로 매력적인 곳을 그려 보고 설명해 보세요.

우주정거장

예시

　우주정거장은 사람이 우주 공간에 장기간 머물 수 있도록 만든 인공 구조물로 하늘에 떠 있는 종합 터미널이다. 우주비행사는 이곳에서 쉬기도 하고, 우주선을 수리하기도 한다. 우주정거장에서는 지상에서처럼 우주복을 벗고 지낼 수 있으며, 무중력 상태에서 많은 과학 실험도 할 수 있다.

내가 고른 장소:

그림

글

모둠이 선정한 장소:

그림

글

⭐ 우주여행가이드가 되어 우주여행 상품의 일정을 만들어 보세요.

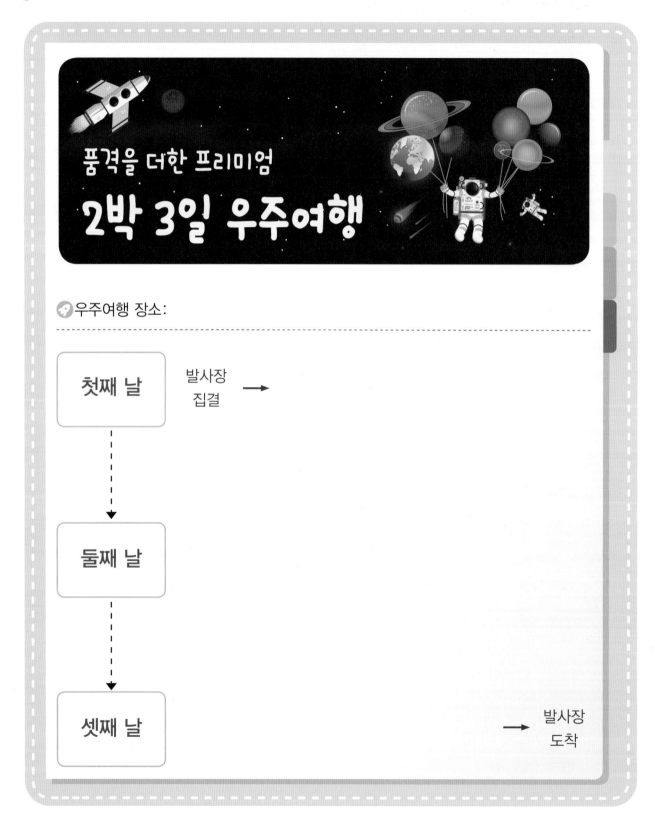

품격을 더한 프리미엄
2박 3일 우주여행

🚀 우주여행 장소:

첫째 날	발사장 집결 →
둘째 날	
셋째 날	→ 발사장 도착

⭐ 우주여행가이드가 되어 여행한 일정 중 한 곳을 택하여 여행객에게 소개해 보세요.

★우주여행가이드 이름:

★소개할 장소:

★소개할 내용:

STEP ⑤ 발표하기

이번 시간에 알아본 미래 직업 체험 활동을 모둠별로 돌아가면서 발표해 봅시다.

발표 준비
① 발표 내용 정하기 　예시 미래 직업 소개, 　　　 만든 제품이나 서비스 소개 ② 발표할 내용의 순서 정하기 ③ 정해진 시간에 맞게 시간 분배하기 ④ 공평하게 역할 분담하기 　예시 발표자, 질의응답자, 　　　 발표 계획서 작성자 등

발표할 때의 규칙
① 발표 시간 지키기 ② 다른 모둠의 발표 경청하기 ③ 질문하기/질문 시간 지키기 ④ 질문에 성실하게 답변하기

〈우리 모둠의 역할 분담〉

이름: 역할:	이름: 역할:	이름: 역할:	이름: 역할:	이름: 역할:

〈우리 모둠의 발표 주제와 내용〉

⭐ 모둠별 발표를 듣고 아래 평가 기준을 참고하여 모둠별 평가를 해 보세요.

모둠 이름	발표 내용	평가 점수					
		발표 내용			발표 태도		
		상	중	하	상	중	하
		상	중	하	상	중	하
		상	중	하	상	중	하
		상	중	하	상	중	하
		상	중	하	상	중	하
		상	중	하	상	중	하

〈평가 기준〉

발표 내용	• 우주여행가이드에 대한 조사와 탐구가 잘 이루어졌다. • 기획한 우주여행 상품이 매력적이다. • 여행객에게 우주여행 장소를 잘 설명해 주었다. • 진로를 계획하는 데 많은 도움을 줄 수 있다.
발표 태도	• 바른 자세와 태도로 발표를 하였다. • 정해진 시간 내에 발표를 마쳤다. • 다른 모둠의 발표를 경청하며 들었다.

CHECK
평가하기

활동을 마무리하며 나 자신을 돌아보고 스스로 학업 성취도를 평가해 봅시다.

➕ 수업을 통해서
새롭게 알게 된 것

✔ 수업을 통해서
더 알고 싶어진 것

❤ 수업에서 가장
흥미 있었던 것

진짜야? 가짜야?~
홀로그램공연기획자

활동 미션 지금부터 우리는!
홀로그램공연기획자가 하는 일을 알아보고 기획안을 작성해 봅시다.

수업 흐름

STEP ❶ 5분 → STEP ❷ 5분 → STEP ❸ 20분 → STEP ❹ 25분 → STEP ❺ 30분 → CHECK 5분

수업 시간 90분

준비물 워크북, 필기도구, 스마트폰, 인터넷이 가능한 환경, OHP 필름, A4용지, 테이프, 칼, 가위, 각도기 등

STEP ❶ 이해하기

다음 영상을 보면서 빈칸에 들어갈 말을 써 봅시다.

『꿈을 job아라, 사물의 모든 정보 담긴 홀로그램』
재생 시간: 3분 33초 / 출처: EBS 뉴스

① 실제는 없지만 실물과 똑같이 보이는 □□□ □□ □□□이다.

② 홀로그램은 1983년 □□□□의 위조 방지를 위해 시작되었고, 2012년 이후 □□□□□□ 산업에 적극 도입되었다.

③ 홀로그램은 □□을/를 뜻하는 그리스어 Holo와 □□을/를 의미하는 Gram의 합성어이다.

⭐ 아래 제시문을 보고 홀로그램공연기획자가 하는 일을 한 문장으로 써 보세요.

홀로그램은 3차원 영상으로 된 입체 사진으로, 여러 각도에서 물체의 모습을 볼 수 있다. 빛의 반사 원리를 이용하며 현실 세계에 가상 물체를 덧씌운다는 점에서는 증강현실(AR)과 비슷하지만, 특수 안경을 쓰지 않고 맨눈으로 볼 수 있다는 차이점이 있다.

홀로그램공연기획자는 홀로그램 기술을 이용하여 문화 공연이나 전시를 기획하고 설계하여 작품을 제작한다. 이 과정에서 콘텐츠에 대한 계획을 세우고, 공간이나 채광 조건 등을 고려해 홀로그램으로 표현하려는 개체를 촬영한다. 기술 관련 홀로그램 전문가와 함께 색보정, 컴퓨터그래픽 등 후반 작업을 거치면 작품이 완성된다. 보통 한 작품을 무대에 올리기까지 6~8개월이 걸릴 정도로 많은 시간이 요구되며, 기술 개발자나 디자이너 등과 공동 작업을 해야 하기 때문에 협동심과 원활한 의사소통 능력도 필요하다.

⭐ 홀로그램공연기획자에게 필요한 능력과 적성이에요. 나의 강점에는 ○표, 약점에는 ✕표를 해 보세요.

능력과 적성	○, ✕
사진과 영상에 관심이 많다.	
새로운 것을 구상하고 만드는 것을 좋아한다.	
미술이나 음악 등 예술적으로 표현하는 것을 즐긴다.	
무엇인가를 완성하기 위해 오랜 시간 견딜 수 있는 인내심이 있다.	
컴퓨터로 프로그램을 만들거나 장치나 장비를 다루는 것을 좋아한다.	

⭐ 홀로그램공연기획자가 되려면 어떤 준비를 해야 할지 써 보세요.

지식	
인성	
자격증	

⭐ 홀로그램 영상을 둘러보고 홀로그램 기술을 활용하여 만들 수 있는 영상을 써 봅시다.

활동 안내

❶ 점프 스튜디오 누리집에 접속한다. [추천] www.jumpstudio.co.kr
❷ 홀로그램으로 제작된 다양한 비디오들을 둘러본다.
❸ 아래의 기관에서 홀로그램 기술을 활용하여 어떤 영상을 만들 수 있을지 써 본다.

기관	영상 내용
자동차 회사	[예시] 미래자동차쇼를 열어 새로 출시할 자동차의 모습을 구체적으로 보여 준다.
박물관	
병 원	
의류 회사	

⭐ 홀로그램 키트를 만들어 보고 관련 영상을 감상하면서 아래의 표를 완성해 봅시다.

활동 안내

❶ 스마트폰에서 ▶YouTube 를 실행한다.
❷ ▶YouTube 창에서 '홀로그램 만들기'를 입력하고 원하는 영상을 보며 홀로그램 키트를 만들어 본다(OHP 필름을 이용).
　[추천] '스마트폰 3D 홀로그램 만들기', '대박 신기한 스마트폰으로 홀로그램 만들기' 등.
❸ ▶YouTube 에서 '3D 홀로그램 영상'을 입력하고, 원하는 영상을 선택한다.
　[추천] http://thenew911.com/hologram
❹ 만든 홀로그램 키트를 스마트폰 위에 올리고 선택한 영상을 감상한다.
❺ 영상을 감상하고 아래의 표를 완성한다.

홀로그램 키트 예시

홀로그램 영상 제목	홀로그램 영상의 특징

신입생들에게 동아리를 홍보하기 위한 홀로그램 공연을 디자인해 봅시다.

⭐ 우리 학교 동아리 중 하나를 선택하여 모둠원과 홀로그램 공연 기획안을 작성해 보세요.

홀로그램 공연 기획안

동아리 이름		
공연 소개	주제	
	내용	
	등장 인물	
	시간	
	장소	
공연의 효과		

⭐ 107쪽의 홀로그램 공연 기획안을 바탕으로 스토리보드(4컷 이상)를 그리고 설명해 보세요.

장면	시각 이미지(영상)	효과	내용
예시		설명	축구동아리의 경기 모습을 신입생들에게 소개한다.
		소리	관객들의 함성 소리
		자막	꿈은 이루어진다.
1		설명	
		소리	
		자막	
2		설명	
		소리	
		자막	
3		설명	
		소리	
		자막	
4		설명	
		소리	
		자막	
5		설명	
		소리	
		자막	

STEP ❺
발표하기

이번 시간에 알아본 미래 직업 체험 활동을 모둠별로 돌아가면서 발표해 봅시다.

발표 준비
① 발표 내용 정하기 　[예시] 미래 직업 소개, 　　　 만든 제품이나 서비스 소개 ② 발표할 내용의 순서 정하기 ③ 정해진 시간에 맞게 시간 분배하기 ④ 공평하게 역할 분담하기 　[예시] 발표자, 질의응답자, 　　　 발표 계획서 작성자 등

발표할 때의 규칙
① 발표 시간 지키기 ② 다른 모둠의 발표 경청하기 ③ 질문하기/질문 시간 지키기 ④ 질문에 성실하게 답변하기

〈우리 모둠의 역할 분담〉

| 이름:

역할: | 이름:

역할: | 이름:

역할: | 이름:

역할: | 이름:

역할: |

〈우리 모둠의 발표 주제와 내용〉

⭐ 모둠별 발표를 듣고 아래 평가 기준을 참고하여 모둠별 평가를 해 보세요.

모둠 이름	발표 내용	평가 점수					
		발표 내용			발표 태도		
		상	중	하	상	중	하
		상	중	하	상	중	하
		상	중	하	상	중	하
		상	중	하	상	중	하
		상	중	하	상	중	하
		상	중	하	상	중	하

〈평가 기준〉

발표 내용	• 공연 기획 아이디어가 참신하고 창의적이다. • 홀로그램을 공연하는 데 효과적인 기획안이다. • 동아리를 알리는 데 도움을 줄 수 있는 내용이다.
발표 태도	• 바른 자세와 태도로 발표를 하였다. • 정해진 시간 내에 발표를 마쳤다. • 다른 모둠의 발표를 경청하며 들었다.

CHECK 평가하기   활동을 마무리하며 나 자신을 돌아보고 스스로 학업 성취도를 평가해 봅시다.

➕ 수업을 통해서
새롭게 알게 된 것

✅ 수업을 통해서
더 알고 싶어진 것

❤️ 수업에서 가장
흥미 있었던 것

기술과 글이 만나요~
기술문서작성가

활동 미션 지금부터 우리는!
기술문서작성가가 하는 일을 알아보고 간접 체험을 해 봅시다.

수업 흐름

STEP ❶ 5분 → STEP ❷ 5분 → STEP ❸ 20분 → STEP ❹ 25분 → STEP ❺ 30분 → CHECK 5분 | 수업 시간 90분

준비물 워크북, 필기도구(연필이나 볼펜, 색연필), 스마트폰, 인터넷이 가능한 환경

STEP ❶ 이해하기

다음 영상을 보면서 물음에 답해 봅시다.

『신직업, 기술문서작성가』
재생 시간: 약 5분(2분 27초~7분 30초까지 시청) / 출처: 한국직업방송

1 기술문서작성가는 □□이나 □□을/를 쉽고 간결하게 소개하는 사람이다.

2 국내 기술문서작성가는 주로 반도체, □□□□, □□□□□ 분야에서 주로 활동하고 있다.

3 문서 작업은 계획 → □□ 작성 → □□ → 편집 · 교정의 과정으로 작성된다.

4 문서에 꼭 필요한 내용을 알기 쉽게 담아내기 위해서는 □□와/과의 충분한 □□이/가 필요하다.

STEP ❷ 탐색하기

기술문서작성가는 어떤 일을 하는 사람인지 알아봅시다.

✪ 아래 Q&A를 보고 기술문서작성가가 하는 일을 한 문장으로 써 보세요.

Q 기술문서작성가는 처음에 어떻게 등장하였는가?

A 기술문서작성가는 제1, 2차 세계 대전 이후 과학 기술이 발전하면서 다양한 기술 제품이 생산되고 제품의 사용법을 고객들에게 쉽게 설명해 주는 역할이 필요해지면서 전문적인 직업군으로 자리 잡았다. 20세기 후반 컴퓨터나 다양한 디지털 제품들이 생산됨에 따라 '기술문서작성가'의 역할은 더욱 중요해지고 있다.

Q 기술문서작성자는 어떤 일을 하는가?

A 냉장고, 세탁기, 텔레비전, 스마트폰 등 신기술이 적용된 제품을 사용하기 위해서는 제품 생산자와 소비자를 연결하는 중요한 매개물인 사용설명서가 반드시 필요하다. 기술문서작성가는 제품의 사용설명서를 포함한 기술 문서를 제작하는 일을 담당한다.

✪ 기술문서작성가에게 필요한 능력과 적성이에요. 나의 강점에는 ○표, 약점에는 ×표를 해 보세요.

능력과 적성	○, ×
사진과 영상에 관심이 많다.	
새로운 것을 구상하고 만드는 것을 좋아한다.	
미술이나 음악 등 예술적으로 표현하는 것을 즐긴다.	
무엇인가를 완성하기 위해 오랜 시간 견딜 수 있는 인내심이 있다.	
컴퓨터로 프로그램을 만들거나 장치나 장비를 다루는 것을 좋아한다.	

✪ 위의 표를 참고하여 '기술문서작성가'가 되기 위해 어떤 준비가 필요한지 써 보세요.

지식	
인성	
자격증	

STEP ❸
적용하기

초등학생인 동생에게 〈팝콘 만드는 방법〉을 가르쳐 주려고 두 종류의
설명서를 찾았습니다. (가), (나)를 읽고 자신의 생각을 써 봅시다.

(가)
먼저 가스불을 켜서 그 위에 냄비를 올린다. 가스불을 켤 때는 조심
조심~. 냄비에 기름을 살짝 두르고 팝콘용 옥수수를 넣는다. 팝콘이
요란한 소리를 내면서 잘 튀겨지면 불을 낮춰서 조금 더 튀긴다. 잠
시 후 고소한 냄새가 나면 그 때 냄비에서 팝콘을 꺼내어 그릇에 담
아 맛있게 먹는다.

(나)
① 뚜껑이 있는 냄비에 기름을 살짝 둘러 달군다.
② 팝콘용 옥수수 3~4알을 넣는다.
③ 팝콘이 터지면 나머지 옥수수를 냄비 바닥에 고루 펼친다.
④ 뚜껑을 덮고 약한 불에서 5~10분 정도 튀긴다.
⑤ 팝콘이 튀어 오르는 소리가 줄어들면 그릇에 담는다.

⭐ (가), (나) 중 어떤 설명서가 더 도움이 되는지 써 보세요.

⭐ 도움이 된 이유가 무엇인지 써 보세요.

⭐ 위 활동을 참고하여 기술 문서를 작성할 때 도움이 되는 글쓰기 방법에 ○, ×표를 해 보세요.

능력과 적성	○, ×
기초 지식이 없는 사람도 읽을 수 있도록 쉽게 쓴다.	
특수 전문 용어를 많이 사용한다.	
되도록 단순하게 쓴다.	
같은 내용을 반복해서 길게 쓴다.	
글을 짧은 문단으로 나누어 쓴다.	
그림이나 도표 같은 시각 정보를 사용한다.	
감탄사나 수식어를 많이 사용한다.	

⭐ 다음 예시를 참고하여 보기에서 하나의 주제를 선택하여 짧은 글을 써 보세요.

예시 〈도어록〉 카드키 등록 방법

선택 순서	기호	기능 설명
① Ⓡ 버튼(등록) 누르기	Ⓡ	건전지 덮개를 연 후, Ⓡ 버튼(등록)을 한 번 누른다.
② 카드키 입력하기	CARD	등록할 카드키를 실외부 카드키 터치 하는 곳에 갖다 댄다. (연속 등록 시 순차적으로 카드키를 갖다 댄다.)
③ Ⓡ 버튼(등록) 누르기	Ⓡ	덮개를 연 후 Ⓡ 버튼(등록)을 다시 누르면 카드키가 등록된다.

보기

내가 좋아하는 온라인 게임을 하는 방법	노트북을 교실 TV에 연결하여 방탄소년단의 뮤직비디오를 보는 방법	에어프라이어로 치킨 요리를 만드는 방법

주제	
목적	
예상 독자	
내 용 (다섯 문장으로 쓸 것)	

⭐ 모둠원과 쓴 글을 돌려 읽어 보고 한 줄 평가를 써 보세요.

모둠원	한 줄 평가 쓰기

STEP ❹
도전하기

스마트폰을 처음 사용하시는 할머니께 스마트폰 사용법을 알려드리려고 합니다. 모둠원과 함께 아래의 활동을 해 봅시다.

⭐ 다음 중에서 글의 주제를 선택해 보세요.

카카오톡으로 친구들과 대화하는 법	사진을 찍고 나에게 전송하는 법
취미 밴드에 가입하여 글 올리는 법	SNS에서 건강 정보를 찾아서 저장하는 법

⭐ 할아버지 또는 할머니께서도 잘 이해하실 수 있도록 시각 자료(사진, 기호, 도표 등)가 첨부된 기술 문서를 각자 작성해 보세요. 그런 다음 우리 모둠을 대표할 기술 두 가지를 선정해 보세요.

주 제	
목 적	
내 용	

이번 시간에 알아본 미래 직업 체험 활동을 모둠별로 돌아가면서 발표해 봅시다.

발표 준비
① 발표 내용 정하기 　예시 미래 직업 소개, 　　　 만든 제품이나 서비스 소개 ② 발표할 내용의 순서 정하기 ③ 정해진 시간에 맞게 시간 분배하기 ④ 공평하게 역할 분담하기 　예시 발표자, 질의응답자, 　　　 발표 계획서 작성자 등

발표할 때의 규칙
① 발표 시간 지키기 ② 다른 모둠의 발표 경청하기 ③ 질문하기/질문 시간 지키기 ④ 질문에 성실하게 답변하기

〈우리 모둠의 역할 분담〉

이름:	이름:	이름:	이름:	이름:
역할:	역할:	역할:	역할:	역할:

〈우리 모둠의 발표 주제와 내용〉

모둠명	
주제	
내용	

⭐ 모둠별 발표를 듣고 아래 평가 기준을 참고하여 모둠별 평가를 해 보세요.

모둠 이름	발표 내용	평가 점수					
		발표 내용			발표 태도		
		상	중	하	상	중	하
		상	중	하	상	중	하
		상	중	하	상	중	하
		상	중	하	상	중	하
		상	중	하	상	중	하
		상	중	하	상	중	하

〈평가 기준〉

발표 내용	• 기술 문서의 형식과 내용이 간접하고 적합하다. • 할머니께서 스마트폰 사용법을 잘 이해하실 수 있는 언어로 되어 있다. • 시각 이미지를 잘 활용하여 글의 이해력을 높였다.
발표 태도	• 바른 자세와 태도로 발표를 하였다. • 정해진 시간 내에 발표를 마쳤다. • 다른 모둠의 발표를 경청하며 들었다.

CHECK
평가하기

활동을 마무리하며 나 자신을 돌아보고 스스로 학업 성취도를 평가해 봅시다.

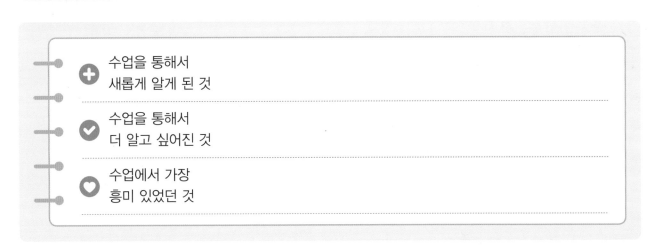

➕ 수업을 통해서
새롭게 알게 된 것

✅ 수업을 통해서
더 알고 싶어진 것

💙 수업에서 가장
흥미 있었던 것

미래 직업 세계의 변화

    우리는 기술의 진보가 많은 직업을 사라지게 하기도 하고, 또 더 많은 새로운 직업을 만들어 내기도 했다는 것을 알았습니다. 예를 들어 컴퓨터에 항법 장치가 도입되면서 비행기 조종사들과 함께 탑승하여 항공기 위치와 방향을 조종해 주던 항법사가 사라졌고, 컴퓨터의 활용 확대로 타자수와 타자기제조원, 활판인쇄원이 사라졌습니다. 반면 웹디자이너, 게임프로그래머, 인터넷데이터서버관리원 등 많은 컴퓨터와 인터넷 관련 직업이 많이 생겼습니다.

    이처럼 기술이 진보함에 따라 미래 직업 세계는 어떻게 변화할까요? 인포그래픽을 통해 미래 직업 세계의 변화 트렌드를 살펴봅시다.

기존 직업의 고부가 가치화

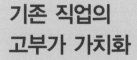

기술 발전으로 인해
직업이 고도화·전문화된다.

기존 직업의 세분화

새로운 직업의 수요 증가에
따라 직업이 세분화된다.

미래 직업 세계의 변화 트렌드

융합형 직업의 증가

서로 다른 지식과 직무 간
융합으로 전문 분야 창출된다.

과학기술 기반의 새로운 직업 탄생

과학기술에 기반한
새로운 직업이 생성된다.

3 진로 설계

3영역의 활동을 마치면

여러분은 변화하는 미래 사회 및 미래 직업 이해를 토대로
미래 도시를 만들어 볼 수 있습니다.

6회기 ● 활동 1 나의 미래 직업 카드 뉴스 만들기
활동 2 나의 미래 직업 로드맵 발표하기

7회기 ● 활동 3 우리가 만드는 미래 도시
활동 4 우리의 미래 도시 발표하기

나의 미래 직업 카드 뉴스 만들기

활동 미션 지금부터 우리는!
나의 미래 직업과 관련된 카드 뉴스를 만들어 봅시다.

수업 흐름

| STEP ❶ 👤 5분 | → | STEP ❷ 👤 15분 | → | STEP ❸ 👤 25분 | 수업 시간 **45분** |

준비물 워크북, 필기도구, 스마트폰, 인터넷이 가능한 환경, 미래 직업 카드 80장

STEP ❶ 이해하기 영상을 보고 빈칸에 들어갈 미래 직업을 써 봅시다.

🎞 『미래 유망 직업을 만나다, 신직업 브런치 토크!』
재생 시간: 2분 52초 / 출처: 신직업연구소

미래 직업	하는 일
	영화, 드라마, 웹 콘텐츠 등 영상물 제작이 가능한 웹 소설을 개발하는 창작가이다.
	전통주와 전통문화를 전파하고 건전한 음주 문화의 정착을 이끄는 우리술 전문가이다.
	기술 제품을 쉽고 올바르게 사용하기 위해 기술 제품에 대한 설명 및 문서 작성을 하는 기술 전문가이다.
	대화 상대가 필요한 사람들과 진심으로 대화하며 마음의 상처를 치유하는 정신적 서비스를 제공해 주는 전문가이다.

다음 글을 읽고, 나만의 꿈 선언문을 작성해 봅시다.

1963년 8월 28일 미국의 노예해방 100주년을 기념하여 워싱턴에서 평화 대행진 행사가 열렸다. 이 날 인권 운동가 마틴 루터 킹 목사는 〈나에게는 꿈이 있습니다〉라는 제목으로 수많은 군중 앞에서 연설하였다.

나에게는 꿈이 있습니다. 언젠가 이 나라가 모든 인간은 평등하게 태어났다는 것을 자명한 진실로 받아들이고, 그 진정한 의미를 신조로 살아가게 되는 날이 오리라는 꿈입니다.

나에게는 꿈이 있습니다. 언젠가는 조지아주의 붉은 언덕에서 노예의 후손들과 노예 주인의 후손들이 식탁에 함께 둘러앉는 날이 오리라는 꿈입니다. …… 나의 네 자녀들이 피부색이 아니라 인격에 따라 평가받는 그런 나라에 살게 되는 날이 오리라는 꿈입니다.

나에게는 꿈이 있습니다. 주지사가 늘 연방 정부의 조처에 반대한다느니, 연방법의 실시를 거부한다는 말만 하는 앨라배마주가 변하여, 흑인 소년 소녀들이 백인 소년 소녀들과 형제자매처럼 손을 잡고 함께 걸어갈 수 있는 날이 오리라는 꿈입니다.

– 마틴 루터 킹 목사, 〈나에게는 꿈이 있습니다〉 연설문 중에서

✪ **꿈 선언문을 작성할 때 도움이 될 만한 질문에 답해 보세요.**

나에 관한 질문		답변
지금 공부를 하는 궁극적인 목적은 무엇인가?		
평소에 롤모델로 삼고 싶었던 사람은 누구인가?		
나의 꿈은 무엇인가?		
나의 꿈이 이루어진다면 3년, 10년, 20년, 30년 후에는 어디서 어떤 일을 하고 있을까?	3년 후	
	10년 후	
	20년 후	
	30년 후	
돈보다 중요하다고 생각하는 삶의 가치가 있다면 그것이 무엇인지 세 가지 이상 써 보자.		
내가 꿈을 이룬다면 사회를 위해 어떤 일을 하고 싶은지 써 보자.		

★ 나만의 꿈 선언문을 작성해 보세요.

꿈 선언문

나의 꿈은 _____ 이다.

꿈을 이루기 위해 내가 지킬 약속은

1

2

3

20 .   .   .

서명 _____

STEP ❸
적용하기

자신의 꿈과 관련된 직업 카드를 선택하여 '나의 꿈과 관련된 미래 직업 카드 뉴스 만들기'를 해 봅시다.

⭐ 선택한 미래 직업 카드를 이용하여 '나의 미래 직업 카드 뉴스 만들기'를 해 보세요.

활동 안내

1. 카드 뉴스에 미래 직업의 특징이 잘 나타나게 그린다.
2. 카드 뉴스는 미래 직업에서 필요하다고 생각하는 역량을 육하원칙(언제, 어디서, 누가, 무엇을, 어떻게, 왜)을 활용하여 간결하게 작성한다.

내가 선택한 미래 직업 카드		연관 직업	

활동 **2**

나의 미래 직업 로드맵 발표하기

활동 미션　지금부터 우리는!
'나의 미래 직업 로드맵'을 작성하여 발표해 봅시다.

수업 흐름

STEP ❶ 👤 5분 → STEP ❷ 👤 25분 → STEP ❸ 👥 10분 → CHECK 👤 5분 　　수업 시간 **45분**

준비물　워크북, 필기도구, 스마트폰, 인터넷이 가능한 환경, 미래 직업 카드 80장

STEP ❶
이해하기

다음 〈보기〉를 보고 자신만의 '삶의 꽃'을 만들어 봅시다.

〈보기〉

❶ 가장 소중한 것

❷ 좌우명

❸ 나의 꿈(하고 싶은 것)

❹ 올해 말까지 꼭 성취하고 싶은 한 가지

❺ '삶의 꽃(나의 꿈)'을 피우기 위한 나의 노력(1, 2, 3학년별로 구체적으로 실천 계획을 세워 보세요.)

❺ 1학년: _____

❺ 2학년: _____

❺ 3학년: _____

⭐ 미래 직업 카드를 참고하여 내가 선정한 미래 직업의 특징을 정리해 보세요.

항목	미래 직업의 특징
주제(사회 변화 요인)	
직업명	
연관 직업	
직업인이 하는 일	
전공	
흥미와 적성	

⭐ 나의 미래 직업 로드맵을 완성해 보세요.

나의 미래 직업		직업에 필요한 역량		직업에 필요한 자격증과 취득 방법
	⇨			

⬇

미래 직업과 관련된 학과 정보				
대학교	학과명	학과 소개	진출 분야	관련 직업
1안)				
2안)				

고등학교 선택			
전기고	특수목적고	과학고	☐
		예술고	☐
		체육고	☐
		마이스터고	☐
	특성화고		☐
후기고	특수목적고	외국어고	☐
		국제고	☐
	일반고		☐
	자율형공립고		☐
	자율형사립고		☐

⇨

지금 중학생인 나는 어떻게 준비해야 할까?	
① 교과 활동	
② 비교과 활동	
1) 동아리 활동	
2) 봉사 활동	
3) 진로 활동	
4) 독서 활동	

나의 미래 직업 로드맵 작성하기를 모둠원끼리 발표해 봅시다.

⭐ 모둠별 발표를 듣고 〈평가 기준〉을 참고하여 모둠별 평가를 해 보세요.

(상: 별 5개 / 중: 별 3개 / 하: 별 1개 색칠)

모둠원 이름	평가			
	①	②	③	④
	☆☆☆☆☆	☆☆☆☆☆	☆☆☆☆☆	☆☆☆☆☆
	☆☆☆☆☆	☆☆☆☆☆	☆☆☆☆☆	☆☆☆☆☆
	☆☆☆☆☆	☆☆☆☆☆	☆☆☆☆☆	☆☆☆☆☆
	☆☆☆☆☆	☆☆☆☆☆	☆☆☆☆☆	☆☆☆☆☆

〈평가 기준〉

① 미래 직업에 필요한 역량과 자격증 관련 정보를 잘 작성하였는가?

② 미래 직업 관련 학과 정보를 잘 작성하였는가?

③ 중학교 교과 및 비교과 활동과 관련하여 준비할 사항을 잘 작성하였는가?

④ 다른 사람의 질문에 성실히 답변하였는가?

⭐ 색이 칠해진 별표 수를 확인하고 모둠에서 가장 완성도가 뛰어난 친구를 축하해 주세요.

내가 받은 별표 수 _____ 개	가장 완성도가 뛰어난 친구 _____ 개

CHECK 평가하기 활동 1, 2를 마무리하며 나 자신을 돌아보고 아래 질문에 답해 봅시다.

➕ 수업을 통해서
새롭게 알게 된 것

✅ 수업을 통해서
더 알고 싶어진 것

💗 수업에서 가장
흥미 있었던 것

활동 3 우리가 만드는 미래 도시

활동 미션
지금부터 우리는!
'스마트시티'에 관한 영상을 보고 내가 살고 싶은 미래 도시를 만들어 봅시다.

수업 흐름

 STEP ① 👤 10분 → STEP ② 👥 15분 → STEP ③ 👥 20분 | **수업 시간** **45분**

준비물 워크북, 필기도구(색연필이나 사인펜), 스마트폰, 인터넷이 가능한 환경

STEP ① 이해하기
다음 영상을 보면서 빈칸에 들어갈 말을 써 봅시다.

🎬 『영화에서나 보던 미래 도시를 여러분께 '진짜'로 보여드립니다』
재생 시간: 8분 3초 / 출처: 비디오 머그

핀란드 헬싱키 칼라사타마	네덜란드 암스테르담
① 칼라사타마는 5년 전에 버려진 □□로, □□을/를 생산하는 공업 지역이었다.	① 암스테르담은 □□□ 천국이다.
② □□□□□란 첨단 IT 기술로 인프라를 효율적으로 관리하고, 공공 데이터를 활용해 교통·에너지 문제를 해결한 도시이다.	② 스마트시티는 □□□ 에너지를 사용한다.
③ 스마트시티에는 □□□□가 없다.	③ 암스테르담에는 전기 차량 충전기가 설치되어 □□□ 문제와 □□ 문제를 해결할 수 있다.

모둠별로 살고 싶은 미래 도시를 선정해 봅시다.

⭐ 내가 살고 싶은 미래 도시를 '보기'와 미래 직업 카드를 참고하여 빈칸에 적어 보세요.

보기	
미래 도시의 종류	• 자연생태/친환경 중점 도시 • 문화/콘텐츠 중심 도시 • 취미/레저 중점 도시 • 기술/사물 인터넷 중점 도시 • 교육/동화 중점 도시 • 교통/에너지 중점 도시 • 의료/안전 중점 도시

내가 선택한 미래 도시의 종류	
이 도시에 없는 것	이 도시에는 _____ 가 없다.
해결하고 싶은 문제	이 도시의 _____ 문제를 해결하고 싶다.

⭐ 모둠원끼리 살고 싶은 미래 도시를 발표해 보고 다음 기준에 따라 평가하여 우리 모둠의 미래 도시를 선정해 보세요.

(5점: 매우 높음 / 4점: 높음 / 3점: 보통 / 2점: 낮음 / 1점: 매우 낮음)

도시 ＼ 평가 기준	필요성	창의성	실현 가능성	합계 점수

⭐ 우리 모둠에서 선정한 미래 도시의 이름을 정하고 다음 표를 완성해 보세요.

이름	예시 Hi.SEOUL(서울), I♡NY(뉴욕), YES! TOKYO(도쿄) 등
상징물	예시 자유의 여신상(뉴욕), 인어공주상(코펜하겐), 곰(베를린), 에펠탑(파리)

'미래 직업 카드'를 활용하여 우리 모둠의 미래 도시에 필요한 직업을 정하고 서클맵을 그려 봅시다.

⭐ 우리가 살고 싶은 미래 도시 서클맵을 그려 보세요.

활동 안내

① 가운데 작은 원에 미래 도시의 이름 적기
② 바깥 원에 우리 도시에서 필요한 직업(6가지)을 글이나 그림으로 표현하기
③ 원 밖에 직업이 하는 일, 필요한 역량, 역할 등을 미래 직업 카드에서 찾아 적기

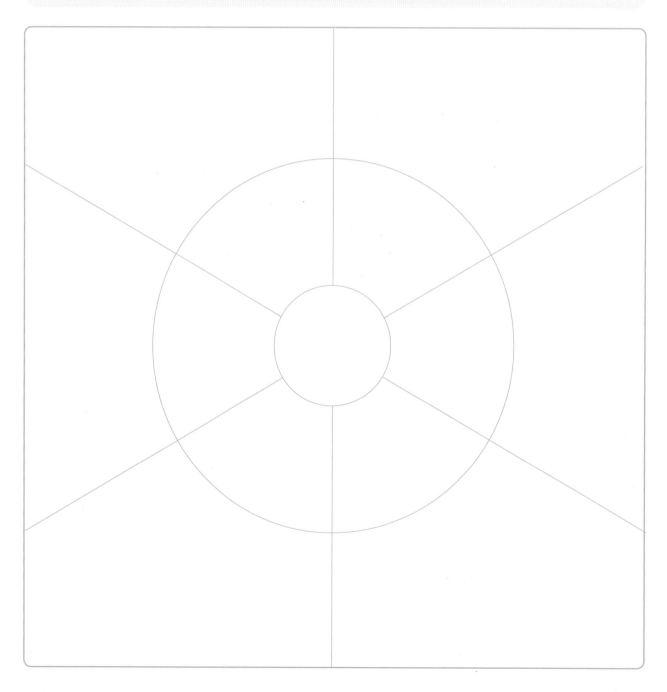

우리의 미래 도시 발표하기

활동 미션 지금부터 우리는!
'미래 도시'를 구체적으로 설계하고 발표해 봅시다.

수업 흐름 STEP ❶ 👥 7분 → STEP ❷ 👥 20분 → STEP ❸ 👥 15분 → CHECK 👤 3분 **수업 시간 45분**

준비물 워크북, 필기도구(색연필, 사인펜, 매직 등), 전지, 미래 직업 카드 80장

STEP ❶ 이해하기

선생님과 함께 카드 게임을 하고 미래 사회의 유망 직업을 선택해 봅시다.

게임 진행 방법

① 각 모둠별로 미래 직업 카드를 직업명이 보이도록 책상 위에 흩트려 놓는다.
② 선생님은 미래 직업 카드에서 1장을 뽑아 카드에 적힌 내용을 읽어 주고, 학생들은 해당 미래 직업 카드를 찾는다.
③ 미래 직업 카드를 가장 먼저 찾는 모둠에 점수를 부여한다.
④ 3분 동안 가장 많은 점수를 획득한 모둠이 승리한다.

⭐ 카드 게임 결과를 아래 칸에 적어 보세요.

모둠명	맞춘 카드 개수	순위

⭐ 미래 사회에서 유망해질 것으로 예상되는 직업을 카드에서 찾아보고, 그 이유를 적어 보세요.

유망 직업	이유

STEP ❷
탐색하기

활동 3에서 만든 우리 모둠의 미래 도시를 구체적으로 나타내 봅시다.

⭐ 우리 모둠에서 선정한 미래 도시의 모습을 전지에 그리고, 간단하게 글로 표현해 보세요.

활동 안내 ① 모둠명과 우리 도시의 이름 쓰기
② 원 안에 미래 도시의 대표적인 상징물 그리기(단, 현재 우리 도시의 문제를 해결하여 그리기)
③ 그림 밑에 간단하게 그림을 설명하는 글 쓰기

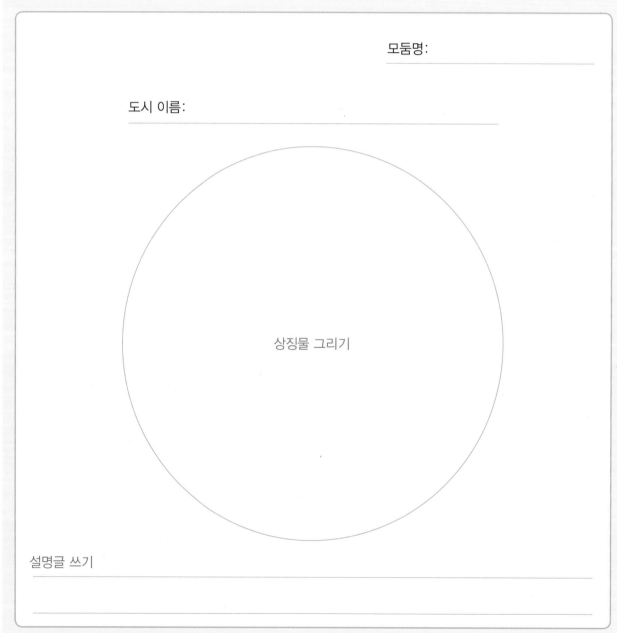

모둠명:
_____

도시 이름:
_____

상징물 그리기

설명글 쓰기
_____
_____

월드 카페 형식으로 모둠 갤러리를 하며 다른 모둠의 작품을 감상해 봅시다.

월드 카페 진행하는 방법

① 각 모둠에서 발표자 한 사람만 자기 모둠에 남아서 작품을 소개한다.
② 나머지 모둠원은 돌아다니며 다른 모둠의 발표자가 하는 설명을 듣는다.
③ 모든 모둠의 설명을 들은 후 자기 모둠으로 돌아와서 의견을 나눈 후 평가한다.

⭐ 모둠별 발표를 듣고 아래 평가 기준을 참고하여 모둠별 평가를 해 보세요.

(상: 별 5개 / 중: 별 3개 / 하: 별 1개 색칠)

모둠명	미래 도시의 특징	평가
		☆ ☆ ☆ ☆ ☆
		☆ ☆ ☆ ☆ ☆
		☆ ☆ ☆ ☆ ☆
		☆ ☆ ☆ ☆ ☆

〈평가 기준〉

실현 가능성이 있는가?
상징물과 도시가 잘 어울리는가?
지금, 현재 도시가 지닌 문제점을 해결하였는가?
미래 도시의 가치나 의미를 잘 설명하였는가?

CHECK
평가하기

활동을 마무리하며 나 자신을 돌아보고 스스로 학업 성취도를 평가해 봅시다.

➕ 수업을 통해서
새롭게 알게 된 것

✔️ 수업을 통해서
더 알고 싶어진 것

❤️ 수업에서 가장
흥미 있었던 것

미래 직업 세계의 변화

2016년 세계경제포럼에서 4차 산업혁명을 '융합과 연결'이라는 단어로 요약하였습니다. 4차 산업혁명은 각 분야의 경계를 허물고 기술 간 융합을 활발히 하고 있는데요. 이러한 현상은 직업 세계 전반에서도 일어날 것으로 예상합니다.

융합형 직업은 작게는 사람들이 가진 소질과 관심의 결합에서부터 크게는 지식 간 또는 과학기술과 타 영역 간 연결 과정에서 발생할 수 있습니다. 빅데이터, 인공지능 등 기술의 발달로 인문, 과학기술, 경영 지식 등의 활용이 더욱 용이해지면서 관련 분야의 일자리가 증가할 것입니다. 4차 산업혁명으로 미래 직업은 앞으로 어떻게 변화할까요? 융합형 직업의 사례를 보고 예측해 봅시다.

융합형 직업의 사례

요리사농부

직접 재배한 재료를 사용하여 요리하는 사람입니다. 도시인이 신선한 재료를 공급받기 위해 농장에 주문 생산하는 트렌드가 요리사와 결합하여 탄생한 직업입니다.

테크니컬라이터

일반 사용자들이 쉽게 이해할 수 있도록 기술 관련 제품의 사용자 설명서나 소프트웨어 도움말 기능 등을 만들고, 잡지에 기고하는 사람입니다.

사용자경험디자이너

사용자의 경험을 중시하여 제품이나 서비스를 생산하는 사람입니다. 인간의 심리 관련 지식과 가상·증강현실 등 스마트 기술에 대한 이해 및 디자인 감각 등이 필요합니다.

수 료 증

성 명:

학 교:

과정명: 두근두근 미래 직업 체험 프로그램

교육 기간:

위 사람은 미래 사회를 탐색하고 4차 산업혁명 시대에
새롭게 등장하는 미래 직업을 체험하면서 자신에게 맞는
진로를 설계하고 미래를 여는 진로교육 프로그램을 성실히
수료하였으므로 이 증서를 드립니다.

20   년   월   일

씨마스 진로디자인연구소

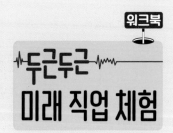

초판 발행 2020년 8월 20일
5쇄 발행 2024년 3월 2일

지 은 이 위정의, 하 희, 진로디자인연구소
펴 낸 이 이미래
펴 낸 곳 씨마스
주   소 서울특별시 강서구 강서로33가길 78 씨마스빌딩
등록번호 제301호-2011-214호
내용문의 02)2274-1590~2 | 팩스 02)2278-6702

편   집 이은경, 박영지, 양성식
디 자 인 표지: 이기복, 내지: 곽상엽, 유지호

홈페이지 www.cmass21.co.kr | **이메일** cmass@cmass21.co.kr
이 책에 대한 의견이나 잘못된 내용에 대한 수정 정보는 씨마스 홈페이지나 이메일로 알려 주시기 바랍니다.
잘못된 책은 구매처 또는 본사에서 교환해 드립니다.

I S B N 979-11-5672-398-1